山西, 煤炭麵

산시, 석탄국수

나남
nanam

서명수 徐明秀

4반세기 넘게 기자일을 할 줄 몰랐다. 불어를 전공해놓고, 중국전문기자가 되리라고는 상상
도 못했다. 1998년 남북고위급회담 취재차 따라간 중국에서 밤늦게 택시를 탔다가 강제로 베
이징 뒷골목 투어를 했다. 그것이 중국에 빠져들게 한 짜릿한 유혹이 될 줄도 몰랐다. 장안가
의 화려한 야경 뒤에 숨겨진 베이징 서민들의 삶, 그것은 중국 만두피 속 만두소를 맛본 것과
도 같았다. 따따블의 택시비를 바가지 쓰긴 했지만…. 2005년, 중국 사회과학원에서 진수과
정을 거친 뒤 가족들을 베이징에 볼모로 남겨둔 채, 수시로 중국을 드나들며 이 거대한 나라의
속살을 들여다보려 애썼다.
관찰과 경험을 바탕으로 "대중국 프로젝트"에 착수했다. 《인민복을 벗은 라오바이싱》(2007)
을 시작으로 중국의 31개 성·시·자치구를 각각 한 권의 책으로 기록하기로 마음먹은 것이
다. 《허난, 우리는 요괴가 아니다》(2009)에 이어 이 책《산시, 석탄국수》가 그 세 번째 결과
물이며, 지금은《후난, 중국의 붉은 별》등을 집필 중이다.
2010~2012년 EBS〈세계테마기행〉에서 중국 전문기자로 산시성, 후난성, 닝샤회족자치구
편을 각 4회씩 총 12회 방송했다.

서명수의 중국 대장정 2

산시,
석탄국수

2014년 7월 1일 초판 발행
2014년 7월 1일 초판   1쇄

지은이 · 徐明秀
발행자 · 趙相浩
발행처 · (주) 나남
주소 · 413-120 경기도 파주시 회동길 193
전화 · (031) 955-4601 (代)
FAX · (031) 955-4555
등록 · 제 1-71호(1979.5.12)
홈페이지 · http://www.nanam.net
전자우편 · post@nanam.net

ISBN 978-89-300-8759-9
ISBN 978-89-300-8655-4(세트)
책값은 뒤표지에 있습니다.

山西, 煤炭麵

서명수의 중국 대장정 2

산시, 석탄국수

서명수 지음

나남
nanam

장지엔화(張建華)라는 중국인 친구가 있다. 그를 만난 것은 2005년. 벌써 10년 가까운 시간이 흘렀다. 민중예술가인 그는 당시 중국 베이징의 예술촌인 798거리에서 전시회를 하고 있었다. 탄광사고로 매몰된 광부들의 시신을 재현한 조소작품과, 스스로 광부로 분장한 '광부 퍼포먼스'를 통해 중국의 현실을 있는 그대로 표현하며 자신의 예술세계를 구축하고 있는 예술가였다.

아무리 개혁개방의 시대라지만 공산당이 지배하는 중국에서 그들이 감추고 싶어 하는 어두운 부분을 서슴없이 드러내는 그의 용기가 가슴에 와 닿았다. 나 역시 그 당시 중국사회과학원 사회학 연구소에서 개혁개방 이후 변화된 중국 라오바이싱(老百姓)들의 계급의식과 계층변화에 집중하고 있을 때였다. 빛의 속도로 성장하는 중국, 그 뒷골목에 방치되다시피 한 도시의 민공(民工)과 라오바이싱의 삶에 대해 더 잘 알고 싶었다. 그래서인지 중국 경제발전의 이면(裏面)을 보여주는 장지엔화의 작품세계에 끌리듯 빠지게 되었다.

산시(山西)는 중국 석탄산업의 메카와도 같은 곳이다. 장지엔화의 관심이 개혁개방의 혜택으로부터 소외된 농촌과 농민공에서 탄광과 광부들의 비참한 삶으로 넘어가던 시기에 그를 만난 것이다. 당시 그는 산시의 한 소규모 탄광에 가서 한 달여 동안 임시광부 생활을 직접 경험하고 초췌해진 모습으로 나타나기도 했다. 그런 친구의 모습을 보면서 나에게도 산시가 흥미롭게 다가왔다.

원강(雲剛) 석굴로 유명한 산시 북부의 중심 도시 다퉁(大同)이 불교문화 유적의 도시이자 대표적인 석탄집산지라는 사실도 알게 되었다. 원강석굴엔 이미 가보았지만 그 도시의 입구에 거대한 탄광이 자리해 석탄가루를 날리고 있다는 사실은 몰랐다. 아는 만큼 보인다는 말대로 시야의 확장은 내 머릿속 산시를 더욱 입체적으로 형상화하기 시작했다.

이런 장지엔화의 영향과 함께 내가 흠뻑 빠져 있던 '다오샤오미엔'(刀削麵)이 산시의 대표국수라는 점도 내가 본격적으로 산시의 진면모를 찾아 나서는 데 중요한 역할을 했다. 산시는 중국의 국수문화를 꽃피운 '누들로드'

(noodle road, 麵條路)의 시발점이자 본고장이다. 황토고원지대의 특성상 벼
보다는 밀과 수수, 귀리 같은 곡물이 잘 자랐고, 자연스럽게 이 곡물들을
이용한 면식(麵食)이 주식이 될 수밖에 없었다.

  산시에서 국수문화의 개화를 도운 숨은 조력자는 석탄이다. 사실 중국에
서 국수가 대중음식으로 자리 잡게 된 것은 석탄 사용의 대중화와 밀접한
관계가 있다. 특히 기계를 이용한 채탄, 채굴작업이 본격화되면서 근대적
의미의 석탄산업이 시작된 당송(唐宋)시대에 국수문화가 꽃피었다는 점은
석탄과 국수의 상관관계를 간접적으로 입증해준다. 국수를 만드는 데 필수
적인 강한 화력이 뒷받침되자 국수문화가 비약적으로 발전할 수 있었던 것
이다. 하루 종일 좁고 어두운 지하 갱도에서 석탄을 캐야 했던 광부들에게,
짧은 시간에 조리해 먹을 수 있는 국수는 최적의 음식이었다. 이것이 바로
'석탄국수'(煤炭麵)가 탄생한 역사다.

중국의 수도 베이징에서 불과 몇 백 km 떨어진 산시는 오늘도 중국의 오지로 꼽힌다. 중국의 눈부신 경제발전에 필수적 동력기지 역할을 맡았던 산시, 그곳의 낙후된 맨얼굴을 만나보았다.

2014년 6월

서 명 수

山西, 煤炭麵

산시, 석탄국수

차례

1

煤炭麵 석탄국수

중국에
산시성이 없었다면
석탄이 없었다면
누들로드는
탄생하지 않았다.

1

煤
炭
麵

석탄국수

1 석탄국수의 탄생

매년 여름부터 9월 초까지 산시(山西)의 성도 타이위엔(太原)에서는 〈국수축제〉(山西麵食節)가 열린다. 축제기간 동안 야시장은 늘 흥성인다. 산시가 본고장인 '다오샤오미엔'(刀削麵)을 비롯, 중국의 모든 국수를 맛볼 수 있고 이탈리아 스파게티 같은 세계의 국수가 모두 한자리에 모인다. 만화 〈중화일미〉에서처럼 "중국 최고의 국수 요리사 경연대회"도 열리고, 다오샤오미엔을 만드는 대회도 펼쳐진다.

산시(山西) 서쪽과 맞붙어 있는 산시(陝西)가 실크로드(絲路)의 시발점이라면 산시(山西)는 '누들로드'의 시발점이라고 할 수 있다. 산시(山西)와 산시(陝西)는 중국어로 성조가 다를 뿐 발음이 같다는 점에서 헷갈리기도 하는데, '중국 지하문화재의 절반이 산시(陝西)에 있다면 지상문화재의 절반은 산시(山西)에 있다'고 할 정도로 두 지역은 중국 문화유산의 양대 축이라는 점에서도 닮은꼴이다. 산시(陝西)에는 진시황릉과 병마용 같은 대단한 지하문화재가 있고, 산시(山西)에는 우타이산(五臺山) 일대의 불교·도교 성지와 핑야오 고성(平遙古城) 등 훌륭한 지상문화재가 존재한다.

그중에서도 산시(山西)를 산시답게 하는 것은 '다오샤오미엔'으로 대표되는 국수문화일 것이다.

나는 '국수주의자'다. 국수는 동서양을 막론하고 생명을 상징하는 음식으로, 많은 사람들이 좋아하는 음식이다. 국수가 우리나라에서 결혼식과 회갑연 등 잔치에 빠지지 않는 장수와 화합의 상징이듯 중국에서도 국수의 의미는 다르지 않다. 생일상에 한 가닥 면으로 길게 뽑아 만든 '이건미엔'(一根麵)을 즐겨 올리거나 아예 생일날 먹는 국수를 '창서우미엔'(長壽麵)이라고 부르는 것을 보면 알 수 있다. 국수가 장수의 상징이 된 것은 면의 기본적인 형태가 길고 얇아서 '長瘦'(장수, 길고 가느다랗다)한 데다 발음상으로도 '長壽'(장수)와 똑같다. 아무튼 한국사람보다 더 끔찍이 국수를 사랑하는 사람들이 바로 중국사람일 것이다.

내가 중국음식을 두려워하지 않게 된 것도 따지고 보면 국수 덕분이었다. 중국음식에 빠지지 않는 향신료 냄새에 익숙하지 않은 외국인들도 중국의 온갖 국수를 통해서는 쉽게 중국음식에 다가갈 수 있다. 중국음식, 더 나아가 중국과 가까워진 것도 결국 중국의 국수에 대한 관심에서 시작되었다고 말할 수 있겠다.

중국에서 국수는 라오바이싱(老百姓)들이 가장 즐겨 찾는 음식이다. 한 그릇에 5~10위안에 불과해 부담 없는 가격이고, 어디서나 쉽게 먹을 수 있는 데다 중국 어느 지역에 가더라도 그 지역 특유의 국수가 있다.

국수의 종류도 다양하다. 수타면, 콴펀(寬粉)이라 불리는 아주 넓은 면, 혹은 기다란 면 대신에 수제비나 만두 같은 모양을 넣어 먹기도 한다. 면의 종류뿐만 아니라 소스도 워낙 다양해서 중국사람 스스로 '一樣麵食百樣吃'(한 그릇 국수도 백 가지 맛으로 먹는다)라며 국수 맛의 변화를 추구해왔다. 국물에 끓이기도 하고 짜장면처럼 걸쭉한 소스를 만들어서 비벼먹기도 한다. 다양한 재료로 만들어내는 소스의 종류도 셀 수 없을 정도이다. 이처럼 다양한 면과 소스의 종류를 조합하면, 새로운 형태의 국수를 만들 수 있는 경우의 수는 그야말로 무궁무진하다.

"세계의 국수는 모두 중국에 있고 중국의 국수는 모두 산시에 있다."
중국의 국수 역사는 4천여 년 전으로 거슬러 올라간다. 오랜 세월이
흐르는 사이 중국의 국수는 변화와 발전을 거듭했고 산시에서 그 꽃을
피웠다.

그런데 산시는 어떻게 중국을 넘어 세계적인 국수의 본고장이 되었
을까?

산시는 황토고원지대에 위치해 있다. 그러다보니 쌀보다는 밀과 보
리, 수수 등의 잡곡이 잘 자라는 척박한 땅이 대부분이었다. 이런 황토
로 뒤덮이고, 산이 많고, 바람이 잦은 자연조건 아래에서는 채소 등의
다양한 식자재를 재배하기 어려웠다. 자연스럽게 간단한 재료로 요리
할 수 있는 면 요리가 발달했다.

중국인의 주식은 쌀이다. 쌀을 주식으로 하는 65%의 중국인을 제외
하면, 밀과 보리, 옥수수와 수수 등 잡곡을 주식으로 하는 인구는 35%
정도이다. 산시사람은 물론이고 산시와 인접한 간쑤성(甘肅省) 란저우
(蘭州) 사람들도 라미엔 한 그릇으로 하루 일과를 시작한다. 역시 산악
과 고원지대로 이루어진 이곳에서도 밀과, 귀리, 수수가 주식이기 때
문이다. 자연환경이 그 지역 주민들의 식생활을 결정한 것이다.

이와 더불어 석탄은 산시 국수문화 발전에 결정적 기여를 했다. 중국
의 최대 석탄산지인 산시에서는 강력한 화력을 자랑하는 석탄이 보편
적으로 사용되었고, 간편하게 물을 끓여서 요리할 수 있는 국수문화를
보급하는 데 최적의 조건을 갖추게 되었다. 석탄이라는 조력자가 있으
니 국수는 이른바 '패스트푸드', 중국식으로는 '콰이찬'(快餐)이자 동시
에 훌륭한 주식이 될 수 있었다. 그러니 온갖 종류의 국수요리가 발달
한 것은 이어지는 당연한 수순처럼 보이기도 한다.

세계의 모든 국수는 중국에 있고,
중국의 모든 국수는 산시에 있다.

국수가 대중음식으로 자리 잡은 것도 석탄 사용이 일반인들에게까지 확대된 당송(唐宋)시대이다. 그만큼 석탄과 국수의 상관관계는 밀접하다. 특히 북송과 남송시대 수도인 카이펑(開封)의 저잣거리에서 국수식당이 번성하게 된 것은 석탄을 이용한 조리가 본격화됐다는 것을 의미한다. 당시의 생활상을 세밀하게 묘사한 〈청명상하도〉와 〈동경몽화록〉 등에서도 이와 같은 국수식당의 모습을 확인할 수 있다.

중국음식을 조리할 때 요리사들은 강한 불꽃을 이용해 순간적으로 각종 재료의 맛을 가두는 효과를 노린다. 이러한 조리방법은 중국에서 오래전부터 석탄이라는 강력하면서도 지속적인 화력을 보장하는 조리수단을 확보했기에 가능했다.

산시국수의 독창성은 중국의 전통적인 식재료가 아닌 토마토와 같은 서양의 요리재료들을 적극적으로 활용해 다양한 국수를 만들어냈다는 점에 있다. 토마토는 중국에 이주한 유럽 사람들이 들여온 외래종이다. 17세기 초반까지만 해도 토마토는 중국요리에 전혀 활용되지 않았다. 그런데 산시사람들은 토마토를 이용한 소스를 개발, 토마토국수를 만들어 산시국수의 변화는 물론 중국요리의 맛을 풍부하게 했다. 중국에서는 지금도 토마토의 산뜻하고 시큼한 맛을 이용한 '시훙스지단탕'(西紅柿鷄蛋湯, 토마토계란탕)이 라오바이싱들이 가장 즐겨 찾는 음식 중의 하나로 자리하고 있다. 유럽과 미국 등은 물론 북아프리카와 중국에서까지 다양하게 이용되는 토마토는 비만과 고혈압 등의 각종 질병을 치료하고 예방하는 데 탁월한 효과를 가진 것으로 증명된 알칼리성 식품이다. 그러나 한식에는 이 토마토를 주재료로 활용한 요리가 거의 없다.

또 산시의 소금호수, 염호(鹽湖)는 국수를 만드는 데 없어서는 안 될 '간수'를 공급해주면서 산시국수가 비약적 발전을 하는 데 중요한 역할을 했다. 염호의 소금으로 만든 간수를 넣으면 국수의 탄성이 더욱 강화되어 다른 지역 국수와는 확연히 다른 산시국수만의 특징을 갖게 되었다.

산시의 고원지대, 딩촌(丁村)에 가면 여전히 옛날 방식 그대로 농사를 짓고 농사지은 밀과 잡곡으로 국수를 빚어 먹고 사는 사람들을 만날 수 있다. 청명절이면 갖가지 동물모양의 만두를 빚어 조상에 제사를 지내고 함께 나눠먹는 정겨운 모습도 볼 수 있다. 다오샤오미엔부터 고양이귀모양 국수인 '마오얼둬'(猫耳朵)를 비롯한 300여 가지에 이르는 온갖 종류의 국수를 만날 수 있는 곳, 그곳이 산시다.

2 다오샤오미엔

飛刀之下麵條如流星落地，魚跳龍門，一片片面葉落。

그것은 마치 유성이 땅에 떨어지는 듯, 물고기가 높은 곳을 향해
튀어 오르는 듯, 가을 낙엽이 떨어지는 듯하다.

요리사의 어깨 위에 얹힌 반죽은 요리사의 칼질 한 번에 유성처럼 날아
올라 아름다운 포물선을 그리며 냄비 속으로 떨어진다. 한 가닥의 면발
이 냄비에 떨어지는 동시에 다른 한 가닥이 하늘을 향해 날아오르고 다
시 한 가닥이 칼날을 떠나는 모습은 마치 은어가 물에 떨어지면서 일으
킨 흰 물결 같았다. 버들잎 같은 면발이 바람에 흔들리는 나뭇가지처럼
아름다웠다.

1985년 산시(山西) 타이위엔(太原)에서 열린 '산시국수 경연대회'에
참가한 한 요리사가 믿기지 않는 손놀림을 보여줬다. 그는 1분에 무려
118회에 달하는 어마어마한 칼질 솜씨를 자랑했는데, 자그마치 25kg의
반죽을 단 1시간 만에 다오샤오미엔으로 만들었다. 요리사의 손이 움
직일 때마다 하얀 면발이 떨어지는 장면을 계속해서 바라보고 있노라

면 현기증이 일 만큼 현란했다.

다오샤오미엔은 국수의 본고장 산시의 대표국수다. 다오샤오미엔은 베이징의 다루미엔(打鹵麵)과 산둥 이푸미엔(伊府麵), 허난 위베이미엔(魚焙麵), 쓰촨 단단미엔(但但麵)과 더불어 '중국의 5대 국수'로 불린다. 그중에서도 다오샤오미엔은 속이 비어 있는 듯한데도 면발이 쫄깃쫄깃하고 유연하고 매끄러워 중국인의 사랑을 독차지하고 있다.

다오샤오미엔의 탄생에 대해서는 전설 같은 이야기가 전해져 내려온다. 중원으로 진출해 원(元)나라를 건설한 몽골족은 한족(漢族)의 반란을 막기 위해 집집마다 칼은 물론이고 쇠붙이란 쇠붙이는 모두 거둬들였다. 그리고 요리를 위한 주방용 칼은 열 가구당 1자루만 남겨 공용으로 쓰도록 하고 그것도 평소에는 관청에 보관하도록 했다. 정복당한 한족으로서는 어쩔 수 없이 지켜야만 하는 강제 규정이었다.

어느 날, 한 노인이 집에서 칼국수를 만들기 위해 밀가루반죽을 빚고 공용으로 쓰는 칼을 빌리러 갔다. 그러나 이미 다른 집에서 칼을 빌려간 바람에 빈손으로 돌아올 수밖에 없었다. 관청을 돌아 나오던 할아버지는 관청 문지방을 넘다가 거기 박힌 얇은 쇳조각에 걸려 넘어졌다. 몸을 일으키다 불현듯 칼 대신 이 쇳조각을 사용해 반죽을 자르면 어떨까 하는 생각이 머리를 스쳐지나갔다. 그 쇳조각을 떼어 집에 돌아와 부인 앞에 내밀었다.

"이 쇳조각으로 반죽을 자르면 어떨까?"

할머니는 할아버지가 내민 얇은 쇳조각을 만져보고는 핀잔을 주듯이 말했다.

"이렇게 얇고 부드러운 쇳조각으로 반죽을 어떻게 잘라요?"

그러자 할아버지는 "자르지 못하면 깎으면(削) 되지…"라고 퉁명스럽게 대꾸했다. '깎으면 된다'는 말에 할머니의 눈이 번쩍 뜨였다.

그사이 솥의 육수는 절반이나 줄어 있었다. 할머니는 할아버지의 말

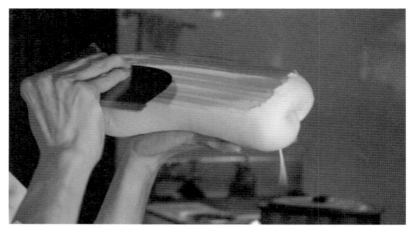

그의 손을 떠난 면발이 마치 줄을 지은 것처럼 질서 있게 포물선을 그리면서
솥 안으로 낙하하는 모습은 한 편의 국수 예술공연이었다.

대로 반죽을 깎아보기로 했다. 면발을 깎아내기 위해 반죽덩어리를 나무판 위에 얹어 왼쪽 어깨에 걸치고는 솥 옆에 섰다. 오른손에 얇은 쇳조각을 쥐고 반죽덩어리를 자르듯이 살짝 움직이면서 솥 안으로 면발을 날렸다. 약간 굳어버린 반죽은 쇳조각이 빠르게 지나가자 길게 잘려나가면서 솥 안으로 풍덩 떨어졌다. 면발이 고르지는 않았지만 칼로 자른 것과 다름없는 국수가닥이 만들어진 것이다.

한 가닥 두 가닥 잘린 면발이 솥 안에 가득차자 할머니는 다 익을 때까지 삶았다. 면이 다 익자 가족들은 기대에 찬 눈망울로 솥을 둘러쌌다. 할머니는 국수를 그릇에 담아낸 후 고명을 얹어 할아버지에게 맛을 보라고 건넸다.

"아주 맛있어! 면발이 아주 쫀득쫀득하고 감칠맛이 나는데? 앞으로는 국수 만들 때 칼을 빌리러 갈 필요가 없겠어."

이런 방식으로 만들어진 '깎아 날리는 면'은 이웃들에게 알려지고 이어 마을 전체로 퍼졌고, 곧이어 진중(晉中) 지방 전체로 확산됐다. 원나라에 이어 주원장(朱元璋)이 명나라를 세우자 이 깎아 날리는 면, 즉 '칸미엔'(砍麵)은 산시를 넘어 중국 전역으로 유행처럼 전파됐고, 특히 길거리 식당에서 누구나 만들어 파는 대중적인 국수로 자리 잡게 된 것이다.

그 후 칸미엔은 다오샤오미엔이라는 이름으로 널리 알려지면서 라오바이싱(老百姓)들에게 가장 인기 있는 국수로 정착했다. 그래서 요즘에는 산시뿐만 아니라 중국 어느 지방에서나 쉽게 다오샤오미엔 식당을 볼 수 있다. 수도 베이징의 전통시장이나 길거리 식당에서도 반죽을 어깨에 얹고 면발을 깎아 날리는 모습을 거리공연처럼 볼 수 있게 되었다.

다오샤오미엔을 만들 때 쓰는 칼은 칼자루가 없다. 이 칼은 손바닥 안에 쏙 들어갈 만한 크기의 초승달모양이다. 산시에서는 아예 간편하게 양철조각으로 다오샤오미엔 칼을 대신한다. 익숙한 손놀림으로 슥

다오샤오미엔은 누구나 먹는 서민음식이다.
노점식당에서 뚝딱 만들어 비닐봉투에 싼 그릇에 담아 내놓기도 한다.

습 베어 만든 다오샤오미엔의 면발은 그 길이와 두께가 거의 일정하다. 칼국수나 다른 국수에 비해 면발이 다소 넓은 것이 특징이다.

면을 삶아낸 후 국물을 부으면 탕미엔(湯麵)이 되고 이 탕미엔에 쇠고기와 야채를 넣으면 쇠고기국수(牛肉刀削麵)가 된다. 또 토마토로 만든 소스를 얹으면 토마토국수(西紅柿刀削麵)이다. 짜장면같이 걸쭉하고 검은 소스를 얹으면 베이징 다루미엔(打鹵麵)이 된다. 면발에 관계없이 돼지고기와 장(醬)을 넣고 볶아 얹으면 베이징 짜장면(炸醬麵)으로 변신할 수도 있다.

산시의 성도인 타이위엔에서 만난 '산시국수의 달인' 쉬건위엔(徐根源) 씨는 중국 국수대회에서 몇 차례 우승한 적 있는 국수달인이다. 국수장인(匠人) 칭호를 받은 그는 17년간 국수를 만들어왔다. 그가 주방에서 밀가루반죽을 빚어 국수를 만들자 국수예술이 펼쳐졌다. 칼을 잡고 반죽을 깎아내는 그의 손은 1분에 120가닥의 면발을 깎아낼 정도로 현란했다. 그의 손을 떠난 면발이 마치 줄을 지은 것처럼 질서 있게 포물선을 그리면서 솥 안으로 낙하하는 모습은 한 편의 국수 예술공연이었다.

이런 화려한 광경 때문일까? 중국 사람들은 다오샤오미엔을 먹을 때 "한 입에 두 가지 복을 동시에 먹는다"(一口兩福)는 표현을 즐겨 한다. 보는 즐거움과 먹는 즐거움, 두 가지의 복을 누리는 셈이니 말이다.

다오샤오미엔의 본고장 산시에서 제대로 된 진짜 다오샤오미엔을 맛보기 전, 내가 처음 이 산시의 명물을 접한 건 베이징에서였다. 초승달 모양의 조각칼로 대패질하듯 대충 썰어낸 굵고 넓적한 면발이 어떻게 그런 쫄깃쫄깃한 식감을 가졌는지 궁금해지기 시작했다.

베이징에 단골 산시국수식당이 하나 있다. 베이징 외곽 차오양구(朝陽區)에 위치한 작고 허름한 식당으로 '산시면식'(山西麵食)이라는 간판을 달고 있다. 이 식당은 베이징을 비롯한 대도시를 점령한 수많은 '항저우 분식'(杭州小吃) 속에서 눈에 잘 띄지 않을 정도로 소박하다.

  내가 이 식당을 자주 찾는 이유는 산시국수를 대표하는 다오샤오미엔의 맛을 제대로 볼 수 있기 때문이기도 하지만, 무엇보다도 국수를 기다리는 동안 식탁에 앉아서 내가 주문한 다오샤오미엔이 만들어지는 과정을 고스란히 엿볼 수 있기 때문이다.

  밀가루반죽덩어리를 어깨에 이고, 손바닥 안에 쏙 들어가는 작은 철판조각으로 대패질하듯이 반죽을 깎아서 육수가 펄펄 끓는 냄비 속으로 정확하게 면발을 날려 보내는 기술은 볼 때마다 새롭게 느껴질 만큼 신기했다.

  화려한 조리 과정만큼이나 다오샤오미엔의 맛은 일품이었고, 또 쫄깃한 면발만큼이나 흥미진진한 다오샤오미엔의 전설을 듣느라 시간가는 줄 모르고 '산시면식'에 앉아 있었다. 이후에도 나는 산시국수가 생각날 때면 자전거를 타고 가서 다오샤오미엔 한 그릇을 시켜놓고 식당 주인 부부에게 산시국수에 대한 재미난 이야기와 그들의 고향인 산시에 대한 여러 가지 이야기를 청해 들었다.

식당에 자주 가면서 눈인사를 나눌 정도로 친해지자, 부부는 다오샤오미엔을 반죽하는 방법과 육수를 내는 비법 등을 알려주기도 했다. 이들 부부와 나 사이에는 늘 다오샤오미엔을 비롯한 산시국수가 놓여 있었고, 그들이 살아가는 이야기가 양념과 고명으로 버무려지면서 국수의 맛을 더욱 깊게 했다.

산시(山西)가 고향인 남편 한(韓) 씨와 산시(陝西)가 고향인 부인 한(漢) 씨는 산시 타이위엔에서 만났다. 두 사람 모두 중학교를 졸업하고는 농사일이 지겨워 도시로 돈 벌러 나온 농민공이었다. 가난한 그들에게 결혼식도 사치였던지라 사진관에서 함께 사진 한 장을 찍고는 바로 함께 살기 시작했다.

아이가 생기자 안정된 수입이 필요했다. 아이를 돌보면서 할 수 있는 일을 찾기도 어려웠다. 부부는 남편 한 씨의 고향에 돌아가 작은 국수집을 차렸다. 하지만 한 그릇에 3위안(한화 약 550원) 하는 국수를 팔아서는 생계조차 유지할 수가 없었다. 하루 온종일 일을 했지만 벌이는 시원찮았다.

개혁개방의 바람을 타고 사람들이 고향을 떠나 대도시로 나가기 시작했다. 어느 집 자식들이 도시로 나가서 큰돈을 벌어서 보내준다는 이야기가 한 씨 부부에게도 들려왔다. 한 씨는 마음이 흔들렸다.

새벽 일찍 일어나 밀가루를 반죽해 발효시키고, 국수를 빚어 장사를 하면서 하루에 겨우 한두 시간쯤 허리를 펼 수 있는 고달픈 생활이었지만 그렇게 해서 판 국수는 한 그릇에 고작 몇 마오(毛)의 이윤이 전부였다. 이렇게 평생을 살아서는 굶어죽기 딱 알맞다는 두려움이 불현듯 몰려왔다.

산시사람들이 베이징에 와서 가장 쉽게 하는 일이 국수식당이다.
그들은 늘 국수를 먹었고, 국수는 모두의 사랑을 받기 때문이다.

부부는 산시를 떠나 더 큰 도시로 향했다. 10년 전의 일이다. 타이위엔을 떠나 처음 자리 잡은 곳은 톈진(天津)이었다. 톈진은 베이징과 가까운 거대항구도시이기는 했지만 광저우(廣州)나 선전(深圳), 칭다오(靑島) 등의 연안도시에 비해 개발의 속도가 더뎠다. 그러나 무엇보다 대도시이면서도 식당 임대료가 싸다는 것이 한 씨 부부의 마음에 들었다. 부부는 이사 후 싼 가게를 얻기 위해 톈진의 골목을 누비고 다녔다.

　당시 다국적 IT기업인 모토로라사가 입주하는 어느 개발지역의 한 무허가건물에 자그마한 가게가 나왔다. 한 씨는 무엇보다 모토로라에서 일하는 수많은 농민공들을 겨냥해서 가게 터를 잡았다. 테이블 네 개를 놓고 산시국수식당을 열었다. 장사는 그럭저럭 잘됐다. 국수를 팔아서 큰돈을 벌지는 못했지만, 아들을 학교에 보내고 세 가족이 먹고 살 만큼의 돈은 벌 수 있었다.

　그렇게 1년이 지났고, 모토로라 건물은 완공됐다. 공사를 마친 농민공들은 다른 일거리를 찾아 순식간에 떠나버렸다. 하루아침에 식당 단골손님들의 발길이 끊겼다. 더구나 식당이 들어선 건물이 곧 철거될 거라는 소문까지 돌았다. 실제로 얼마 지나지 않아 건물을 비워줘야 할 때가 닥쳤다. 다시 짐을 꾸려야 했다. 부부는 인생에서 가장 어려운 선택을 해야 했다. 이대로 고향으로 돌아갈 것인가, 아니면 다시 다른 대도시로 생활의 터전을 옮길 것인가.

　고향을 떠난 지 10여 년. 중국의 베이징과 상하이, 충칭(重慶)과 더불어 중국의 4대 도시에 속하는 톈진에 정착했다. 비록 변두리에 살았지만 대도시의 불빛은 아름다웠고, 이런 도시에서의 생활에 부부는 이미 익숙해져 있었다. 무엇보다 도시에서 몇 년간 지낸 아들이 고향으로 돌아가는 것을 완강하게 거부했다.

　톈진에서 2시간이 채 걸리지 않는 베이징으로 가기로 결정했다. 타이위엔에 이어 톈진에서 살면서 겪은 산전수전의 경험은 부부를 용감하게 만들었다. 물론 망설였다. 수도가 주는 위압감 때문이었다. 하지만 베이징이라고 해서 톈진과 다를 바 없다고 생각했다. 물가는 부르는 게 값일 정도로 엄청나다는 것도 이미 들었다. 그러나 톈진에서는 4~5위안 하던 국수 한 그릇이 베이징에서는 7~8위안, 심지어 10위안까지 한다는 말을 들었다. 식당을 한다면 오히려 베이징이 낫겠다는 생각도 들었다.

부부의 베이징 상경기는 그렇게 시작됐다. 그들은 베이징 외곽 차오양구의 산시사람들이 모여 사는 산시촌에 작은 가게를 얻었다. 매달 가게 임대료를 내고 나면 세 식구가 겨우 먹고살 정도밖에 벌지 못하지만 부부는 어쨌든 베이징에 정착하는 데 성공했다. 처음 베이징에 왔을 때와는 달리 이제 제법 단골손님이 늘었다. 고향을 떠난 지 10년이 넘었지만, 부부가 빚어내는 다오샤오미엔과 량펀(涼粉) 등 산시국수는 산시 어느 외딴 시골에나 가야 만날 수 있는 그런 순박한 모습을 그대로 담아내고 있다. 고향을 잊지 않는 그들의 손맛 덕분이리라.

4 국수의 연금술, 국수의 기원

산시국수(山西麵)의 역사는 2,500년이 넘었다. 다오샤오미엔(刀削麵)은 몽골족이 지배하던 원(元)나라 때부터 본격적으로 만들어 먹기 시작했다. 산시사람들은 하루에도 세 번씩 국수나 면 요리를 먹었고 그래서 국수는 산시사람들의 삶과 뗄 수 없는 관계에 있다. 그들은 기쁠 때나 슬플 때나 변함없이 국수를 사랑했고 결혼과 장례 등의 큰일을 치를 때는 물론이고 매일의 끼니도 국수로 해결했다.

국수의 기원은 물론 중국에서의 면의 유래와 기원에 대한 분명한 기록을 찾아보기란 어렵다. 그럼에도 산시에서는 산시국수의 기원을 2,500년 전 까마득한 옛날이라고 주장한다.

고대 중국에서 문헌으로 남아 있는 가장 오래된 국수조리법은 1,500년 전의 것이다. 북위(北魏)에서 동위(東魏)에 이르는 서기 6세기 전반, 산둥(山東) 지방호족인 자쓰셰(賈思勰)가 기술한 《제민요술》(齊民要術)은 중국에서 가장 오래된 농업전서다. 농업기술뿐 아니라 농촌생활 전반, 특히 곡류와 관련된 당시 식생활의 일단을 자세히 묘사해 중국 조리법의 변천사를 보여주는 중요한 자료다.

《제민요술》에는 굽고 볶고 조리고 찌고 훈제하고 끓이는 등의 기본적인 가열조리법이 빠짐없이 소개되어 있다. 발효법에 대해서도 상세하게 적혀 있고 철제 조리기구가 보편화되지 않은 당시에 일반적이지 않은 기름에 볶는 조리법도 나와 있다.

《제민요술》의 '병[빙]법'(餅法) 제 82장에는 국수와 같은 면식류(麵食類)의 원형(原型)에 대한 언급이 있다. 이 병법의 '빙'(餅)은 지금처럼 떡을 가리키는 것이 아니라 당시의 표현으로 국수를 비롯한 모든 밀가루 음식, 즉 '면식류'를 일컫는 표현이다. '수인'(水引), '절면죽'(切麵粥) 등의 제조법이 자세히 기술되어 있다.

먼저 체에 거른 밀가루를 우선 준비한다. 그런 다음 조미한 고기국물을 식혀서 밀가루와 섞는다. 이어 반죽을 주물러서 젓가락 굵기로 빚어내 한 자 (30cm) 크기로 자른다. 그런 다음 물이 든 대접에 담근다. 솥 위에서 손으로 주물러서 부춧잎 정도로 얇게 늘이면 좋다. 끓는 물에 그대로 삶아낸다. 센 불에서 삶아내야 하는데 삶으면 뽀얀 윤이 나고 아름답다. 면발은 또한 매끈하고 부드러워서 그 맛이 각별하다.

중국에서의 국수제조의 기원을 《제민요술》이 집필된 남북조시대보다 앞선 전한(前漢)시대로 주장하는 목소리도 있다. '빙'을 그 시초로 보는 것이다. 이때의 '빙'은 앞에서 살펴봤듯이 국수 등 면식류를 통칭하는 표현으로 조리법에 따라 탕빙(湯餅)과 정빙(烝餅), 사오빙(燒餅), 유빙(油餅) 등으로 나뉜다.

탕빙은 삶거나 끓인 면식류다. 수이자오즈(水餃子, 물만두)와 윈툰(雲呑) 등이 있다. 정빙은 찜통에서 증기로 쪄낸 면식류로 만터우(饅頭)와 바오즈(包子), 정자오즈(烝餃子), 사오마이(燒賣) 등을 지칭한다. 사오빙은 솥에 굽거나 직화로 구운 밀가루 음식으로 궈티에자오즈(鍋貼餃子, 군만두), 쯔마사오빙(芝麻燒餅, 깻가루전병) 등이 있다. 유

산시사람들은 기쁠 때나 슬플 때나 면을 먹었다.

면은 그들의 주식이다.

빙은 기름에 튀긴 분식으로 산즈(饊子), 유탸오(油條)가 있다. 이 중에서 만두피모양으로 가공한 것을 미엔피엔(麵片), 면발을 길게 늘인 것을 미엔탸오(麵條)라고 부르기도 한다.

가늘고 긴 면발 형태가 국수의 대명사가 된 것은 당대(唐代)이다. 당나라에서는 어린아이가 태어나서 사흘째 되는 날에 '탕병연'(湯餠宴)이라는 이름으로 국수잔치를 열었다고 한다. 아이가 긴 국수면발처럼 장수하기를 축원하던 잔치인데, 생일에 반드시 긴 면발을 자랑하는 창서우미엔(長壽麵)을 먹는 전통이 여기서 탄생했다. 우리나라에서는 결혼식 때 국수를 먹으며 부부의 백년해로를 기원하는데, 역시 중국의 창서우미엔처럼 긴 면발에 담긴 상징성을 빌려온 셈이다.

이때부터 탕병은 두 가지 형태로 갈라진다. 하나는 밀가루반죽을 얇게 밀어 소를 넣은 수이자오즈와 사오마이, 윈툰 같은 형태이고, 다른 하나는 면발을 길게 늘이는 전형적인 국수이다. 이때 방망이를 사용해서 반죽을 얇게 미는 방식이 처음 사용되기 시작했다.

후한(後漢) 때의 《사민월령》(四民月令)에도 국수에 대한 기록이 나온다. 이 《사민월령》은 중국에서 가장 오래된 세시기(歲時記)인데 이 책에 주빙(煮餠, 삶는 국수)과 주서우빙(酒溲餠, 술로 발효시켜 반죽해 만드는 국수), 수이서우빙(水溲餠, 물로 반죽해 만드는 국수) 같은 국수가 나온다. 라오바이싱(老百姓)들이 밀과 밀가루 사용을 대중화하기 시작하면서 국수가 전 중국의 주식(主食) 자리를 차지한다.

송나라 때는 오늘날의 국수와 같은 형태인 가늘고 긴 면발을 이전의 탕병과 구분하여 '미엔'(麵)이라고 부르기 시작했다. 미엔탸오(麵條)의 유행과 더불어 다양한 국수 조리법이 개발되면서 역사상 가장 다채로운 국수문화가 꽃핀다. 건국하면서 수도를 창안(長安, 현재의 시안)에서 카이펑(開封)으로 옮기는데, 카이펑에서 국수는 새로운 문화아이콘으로 등장한다.

송대에 그려진 〈동경몽화록〉(東京夢華錄)을 보면 수도 카이펑 곳곳에 각종 음식을 파는 식당과 국수가게 등을 발견할 수 있다. 외식문화의 본격적 발달과 함께 국수도 집에서 먹는 간편한 음식에서 인기 있는 대중 먹거리로 진화했다. 송대의 국수가게에서는 정빙과 탕빙(糖餅), 쥐화빙(菊花餅) 등이 인기를 끌었다. 남송(南宋) 후기에 그려진 〈몽량록〉(夢粱錄)에서는 수도 린안(臨安, 현재의 항저우)의 번화한 시가지 곳곳에 자리 잡은 국수식당의 모습도 찾아볼 수 있다.

원대(元代)의 문헌인 《거가필용사류전집》(居家必用事類全集)은 송나라 국수에 대해 상세하게 기술하고 있는데 무려 14가지에 이르는 송대의 국수 이름과 제조법이 상세하게 기록되어 있다.

송대의 14가지 국수는 수이휘미엔(水滑麵)과 쒀미엔(索麵), 디에다이미엔(経帶麵), 퉈장미엔(托掌麵), 홍쓰미엔(紅絲麵), 추이뤄미엔(翠縷麵), 미신치즈미엔(米心棊子麵), 산야오보위(山藥撥魚), 산야오미엔(山藥麵), 산위보튀(山芋餺飥), 링롱보위(玲瓏撥魚), 링롱(玲瓏), 광미엔(廣麵), 훈툰피(餛飩皮)이다.

수이휘미엔은 물에 넣어서 빚어낸 국수를 가리킨다. 쒀미엔은 반죽 표면에 기름을 발라 잡아당겨 늘인 국수로 수인병(水引餅)과 다름없다. 디에다이미엔은 밀방망이로 얇게 늘어뜨린 면발이 넓적한 국수다. 퉈장미엔은 '골노퇴'(骨櫓槌)라고 불리는 방망이로 얇게 늘인 국수다. 홍쓰미엔은 새우맛이 나는 가늘게 썬 국수다. 추이뤄미엔은 홍쓰미엔과 모양은 같지만 회화나무를 넣어 초록빛을 띠는 것이 특징이다. 미신치즈미엔은 납작하게 썬 아주 가느다란 국수이다. 산야오보위는 마(麻)를 넣어 점성을 높인 수제비이고, 산야오미엔은 마를 넣어 빚은 국수를, 산위보튀는 참마를 넣은 면발이 넓은 국수나 경단모양으로 썬 밀가루 음식을 지칭한다. 링롱보위는 조각한 구슬인 '영롱'모양으로 빚은 수제비이고, 링롱은 영롱모양으로 썰어 빚은 밀가루음식을 통칭한다. 광미엔은 무를 넣어 끈기를 더한 국수이다.

《거가필용사류전집》에는 당시의 국수제조법도 기술되어 있다. 우선 반죽은 미엔펀(麵粉, 일반 밀가루)과 바이미엔(白麵, 희고 곱게 간 질 좋은 밀가루)을 적절히 배합한다. 반죽에 사용하는 물에는 신급수(新汲水)와 양수(涼水)가 있다. 반죽을 잡아당겨 면발을 늘일 때는 기름을 바르거나 쌀가루를 사용한다. 두 종류의 밀방망이를 사용할 수도 있다. 점성을 높이기 위해서는 마(麻) 또는 함(喊, 쑥을 태워 우린 잿물로 탄산나트륨이 포함되어 있다)을 사용한다. 글루텐 형성을 촉진하기 위해 소금을 첨가한다. 쌀가루와 소금, 기름, 새우가루, 산초, 콩가루, 다진 소고기와 양고기 같은 다양한 재료를 첨가하기도 한다.

이처럼 송대의 국수는 지금의 국수와 거의 비슷할 정도로 재료가 풍부했고, 종류도 다양했다. 또한 오늘날의 국수와 마찬가지로 반죽할 때부터 간수를 첨가하는 방식이 정착됐다는 것도 알 수 있다. 간수를 넣으면 면발의 탄성을 높이는 글루텐이 잘 형성된다는 것을 이미 파악하고 있었다. 뿐만 아니라 국수에 각 지방의 풍부한 산물로 만든 고명을 첨가하는 등의 창의력이 가해지면서 국수문화가 꽃피었다.

원대(元代)부터는 밀가루반죽에 소금을 넣고 식용유를 발라가면서 '잡아당겨 늘이는' 수인병 제조법이 일반화된다. 명대(明代)에는 수인병이 한층 발전, 오늘날과 같은 라미엔(拉麵)이 출현하게 된다.

진(晋)나라 시기까지 만터우는 지금처럼 만터우로 불리지 않고 '빙'(餠)으로 불렸다. 당대(唐代)까지도 만터우의 모양은 처음 만들어졌을 때의 사람 머리모양을 벗어나지 못했다. 송대(宋代)에 이르러 만터우는 문인 사대부들의 간식거리로 사랑받으면서부터 사람 머리모양에서 벗어나, 다양한 형태로 진화하기 시작했다. 물론 소를 넣었건 넣지 않았건 간에 제사에 반드시 올려야 하는 제수용품으로서의 위상에는 변함이 없었다.

송대에 이르러 국수문화가 전성기에 이르면서 만터우는 모양의 변화와 함께 대중적인 사랑을 받았고 더불어 명칭의 변화도 있었다. 중국 북방에서는 소가 없는 것만 만터우라고 불렀고 소를 넣은 만터우는 바오즈(包子)로 구분해서 부르기 시작했다. 북방에서는 소가 없는 만터우를 모(饃, 찐빵)라거나 쥐엔즈(卷子, 꽃빵), 혹은 바오즈라고 부르기도 했다고 한다. 반면 남방에서는 소를 넣은 것을 만터우로, 소를 넣지 않은 것을 다바오즈(大包子)라고 불렀다. 소를 넣은 만터우는 또한 미엔더우즈(麵兜子), 탕바(湯包)라는 이름으로 부르기도 했다. 지금까지도 만터우는 지방에 따라 다양한 명칭으로 불리고 있다.

5 산시국수의 진화, 미엔쿠

산시국수는 진화하고 있다. 더 이상 작고 허름한 국수식당으로는 수많은 산시국수식당 사이에서 경쟁력을 갖기 힘들다. 현대식 인테리어와 위생시설을 갖추고 산시국수의 진면모를 연출하는 가게들이 중국 도처에 생겨나고 있다. '미엔쿠'(麵酷)가 바로 그중의 한 곳이다.

몇 년 전, 산시국수 장인(匠人)을 취재한 적이 있다. 경제발전에 따라 중국 라오바이싱들의 음식문화도 한 단계 업그레이드되고 있는 과정을 취재하던 중에 그저 동네 어디서나 볼 수 있는 분식집 같은 국수식당이 아니라 고급식당으로 자리매김한 산시국수식당 미엔쿠를 알게 되었다.

베이징에 개업한 미엔쿠는, 국수집은 으레 작고 허름하며 국수는 단돈 몇 위안으로 사먹는 저렴한 음식이라는 생각에 정면으로 도전했다. 식당 내부는 고급음식점처럼 현대식 인테리어로 꾸몄고, 반죽을 하고 면발을 뽑아내는 주방을 식당의 정중앙에 배치, 식당을 찾는 고객들에게 자신이 주문한 국수를 만드는 모든 과정을 완전히 공개함으로써 공연 보듯이 즐길 수 있도록 만들었다. 반죽을 어깨에 걸고 면발을 날리는 다오샤오미엔 요리사, 끊어지지 않도록 면발 한 가닥을 길게 늘어뜨린 이건미엔(一根麵)을 물이 펄펄 끓고 있는 냄비에 던지는 요리사, 젓가락으로 반죽 끝을 튕겨내는 티지알(剔尖兒)을 만드는 요리사, 10m나 떨어진 곳에서 정확하게 손끝으로 물수제비를 뜨듯이 반죽을 정확히 던져 넣는 요리사…. 이들의 화려한 조리장면은 마치 국수 묘기대행진을 방불케 했다.

미엔쿠의 가장 인기 있는 시간은 요우미엔 카오라오라오(莜麵 栲姥姥)라는 독특한 산시국수를 만드는 국수달인 부부가 등장하는 오후 1시부터 2시까지다. 드디어 노부부가 주방에 자리를 잡았다. 60대 후반의 노부부는 나란히 선 채로 밀가루와 귀리가루를 섞어 반죽을 하기 시작했다. 물을 붓고 간수를 넣는 달인의 손놀림에는 한 치의 오차도 없는 듯 망설임이 없었다. 그러기를 10여 분, 찰기 있는 반죽이 완성됐다. 달인 할아버지가 손바닥으로 반죽을 밀어 한 번에 여러 개의 올챙이모양의 작은 반죽을 만들어냈다. 반죽을 쥔 손이 앞뒤로 한 번 움직이면, 우르르 올챙이들이 쏟아져 나왔다. 압권은 달인 할머니의 손이었다. 할아버지가 만들어낸 올챙이모양 반죽을 손등으로 밀어냄과 동시에 손가락으로 말아내는 요우미엔 카오라오라오를 빚어내는 과정은 채 1초도 걸리지 않았다.

마치 정교한 기계로 찍어내듯이 일정한 크기와 모양으로 찜기에 정렬되었는데 채워지는 모습이 커다란 벌집을 닮아 있었다. 할머니의 손놀림에 빠져들어 주방 앞으로 다가갔다. 갑자기 다가선 내 시선을 느끼면서도 할머니의 손은 미동도 없이 기계처럼 일사불란하게 하던 동작을 이어갔다.

바쁜 점심시간이 끝난 후 이들 부부와 잠시 이야기를 나눌 수 있는 기회가 허락되어 이들이 미엔쿠에서 국수를 빚게 된 사정을 알 수 있었다.

"할머니, 언제부터 국수를 만들기 시작하셨어요?"

미엔쿠는 산시국수의 진화다.

그녀는 잘 알아듣기 어려운 구수한 산시 사투리로 대답했다.

"10살 때부터 국수를 빚었지."

뒤늦게 물어본 할머니의 나이는 67세, 무려 57년 동안 국수를 만들어 온 셈이다. 바로 옆에 선 할아버지께도 똑같이 묻자 그는 20살부터 라고 했다.

"마누라한테 배웠지. 이 마누라가 바로 내 스승이야. 원래는 고향 산시의 마을에서 작은 국수식당을 하고 있었지. 작기는 했지만 장사가 아주 잘됐어. 우리 집에는 높은 관리나 유명한 사람들도 국수를 먹으러 오곤 했어."

살짝 미소를 짓는 할아버지의 얼굴이 천진난만했다. 국수장인이라기보다는 산시 시골 어디서나 볼 수 있는 순박한 중국 할아버지의 모습이었다. 노부부가 어떻게 이곳 베이징의 고급 국수식당에 오게 됐을까.

이 노부부를 발견한 건 미엔쿠의 린단스(林丹詩) 사장이다. 그녀는 요즘 중국 요식업계에 새로운 바람을 일으키고 있는 젊은 여성이다. 그녀는 그동안 '쿠'(酷) 시리즈의 이색적인 식당과 이색 카페를 잇달아 개업, 장안의 화제를 불러일으켰다. 내부 인테리어를 감옥처럼 꾸며놓고 죄수복을 입은 종업원들이 서비스를 하는 '감옥식당'으로 유명한 찬쿠(殘酷) 외에도 현대식 훠궈식당인 딩쿠(鼎酷), 짱쿠(藏酷), 펀쿠(粉酷) 등이 그것이다.

린단스 사장이 산시국수 전문식당 미엔쿠를 열게 된 것은 우연한 일이 아니었다. 문화대혁명의 광풍이 중국을 휩쓸던 1966년, '지식분자'로 낙인찍힌 그녀의 부친이 산시로 하방(下方)되면서 그녀는 어린 시절을 산시에서 보냈다. 유년을 보낸 산시에 대한 기억은 오래도록 린 사장의 마음속에 남아 있었고, 산시는 그녀에게 마음의 고향으로 각인됐다. 어려웠던 시절 맛도 모른 채 먹었던 산시국수에 대한 기억이 그녀를 사로잡았다.

린 사장은 요식업계에 진출하면서 잇달아 '대박'을 냈다. 하지만 경쟁이 치열한 중국 요식업계에서 살아남으려면 늘 새로운 아이디어가 필요했다. 어느 날, 그녀는 어린 시절 맛보았던 다양한 산시국수를 떠올렸다.

무려 4백여 가지가 넘는 산시국수만으로 국수 전문식당을 열어도 승산이 있을 것 같았다. 국수를 빚어내는 주방을 식당의 중앙으로 배치해서 위생을 확보하고, 볼거리를 제공한다는 아이디어도 그녀가 냈다. 그러나 어디서나 쉽게 볼 수 있는 다오샤오미엔 같은 산시국수를 만드는 것 이상의 볼거리가 필요했다.

그래서 그녀는 직접 산시국수의 달인을 모셔오기로 하고, 수소문 끝에 요우미엔 카오라오라오로 소문난 노부부를 찾아갔다. 부부는 고향을 떠나 베이징으로 가는 것을 탐탁지 않게 여겼으나 수도의 산시국수 전문점에서 산시국수의 맛을 자랑하는 일을 거절할 수가 없었다.

노부부는 남은 밀가루반죽으로 다른 국수를 빚는 과정도 기꺼이 보여줬다. 똑같은 반죽이 할머니의 손을 거치면 고양이귀가 되기도 했고, 실타래 같은 간식거리가 되기도 했으며, 형형색색의 꽃으로 피어나기도 했다. '국수의 연금술사'라는 찬사가 빈말이 아니었다. 공연에 이어 한동안 시간을 내어주던 노부부는 서둘러 식당을 나섰다. 아직 베이징 지리가 낯선 데다 대도시 생활에 익숙하지 않은 노부부에게 퇴근은 출근보다 마음 바쁜 일인 듯 보였다.

1년 뒤, 미엔쿠는 2호점에 이어 한국사람들이 많이 사는 왕징(望京)에 3호점을 냈다. 노부부가 만든 산시국수를 다시 먹고 싶어서 미엔쿠 1호점을 찾아갔지만, 노부부는 만날 수 없었다. 베이징 생활에 잘 적응하지 못한 그들은 고향 산시로 돌아갔다고 식당 지배인이 귀띔해줬다. 노부부가 이렇게 갑작스럽게 떠날 줄 알았더라면 연락처라도 받아둘걸 하는 후회가 일었다. 산시국수의 달인이 빚어내는 진정한 산시국수를 또 어디에서 맛볼 수 있을까 하는 생각이 들었다.

요즘도 왕징의 미엔쿠 앞을 지나거나 산시국수식당에서 다오샤오미엔 한 그릇을 주문할 때, 아니면 그저 산시국수식당 앞을 지나치기라도 할 때면 나는 으레 그 노부부가 되돌아오진 않았을까 기대를 하곤 한다. 그 후 아직 그들을 만나지 못했지만 그들이 고향에서 직접 재배한 곡식과 고향의 우물물로 반죽을 하고, 아주 오래된 이웃들과 이야기를 나누면서 면발을 뽑아내고 카오라오라오를 빚는 모습을 환영처럼 보게 된다.

6 고양이귀 국수부터 창서우미엔까지

一樣麵百樣做, 一樣麵百樣吃。
하나의 국수라도 만드는 방법이 백 가지가 있고,
같은 국수라도 백 가지 방식으로 먹을 수 있다.

산시에는 무려 400여 종류의 국수가 있다. 같은 국수라도 요리사에 따라 다른 방식으로, 또 다양한 재료로 만들기 때문에 산시국수의 종류는 수천 가지로 늘어난다. 그래서 산시에 가서 국수를 먹는다면 1년 365일 동안 매일 매일 다른 국수를 맛볼 수 있다고 할 정도이다. 중국의 각 지방마다 특유의 국수문화가 있지만 산시는 일찍부터 국수의 본고장으로 널리 알려지면서 독자적인 국수문화를 일궈냈다. "세계의 국수는 중국에 있고 중국의 국수는 모두 산시에서 비롯된다"는 말이 생겨난 것은 그때문이다.

　남북으로 긴 형태의 산시에서는 동쪽으로 랑즈관(娘子關)에서부터 서쪽으로 황허(黃河)변, 남쪽으로 펑링두(風陵渡), 북쪽으로 옌먼관(雁門關)에 이르기까지 구석구석의 라오바이싱 누구나 끼니때가 되면 금방 국수를 만들어 먹는다. 그래서 산시사람이라면 누구나 손님이 찾아 오면 곧바로 그들의 눈앞에서 자신이 만들 수 있는 최고의 산시국수를 빚어내는 '국수달인'이다.

타이위엔에서 만난 요리사 '쉬건위엔'(徐根原)은 19년간 국수를 빚어 온 산시국수 장인이다. 그는 중국 국수요리대회에서 금상을 수상하기 도 한, 산시에서 손꼽히는 요리사다. 그가 밀가루반죽을 시작하자 한 편의 아름다운 국수공연이 펼쳐졌다.

그는 먼저 반죽을 어깨에 얹고 작은 초승달모양의 칼(灣刀)을 잡더니 위에서 아래로 팔을 움직였다. 그러자 하얀 면발이 허공을 가르며 날았 다. 그리고는 물이 끓고 있는 냄비 속으로 떨어졌다. 면발이 떨어지기 무섭게 다음 면발이 줄을 이어 떨어지는 모습은 마치 면발들이 줄을 이 어 낙하하는 듯했다. 도마에서 썰어낸 것이 아닌데도 면발은 일정한 굵 기와 너비로 잘려나갔다. 면발의 속은 살짝 비어 있는 것 같으면서도 바깥은 쫄깃쫄깃하고 단단하고 유연하면서 매끄럽다. 다오샤오미엔의 이런 특성은 반죽에서 비롯된다.

보통의 다오샤오미엔 반죽에는 밀가루와 물을 5:3 비율로 배합한다. 여름에는 시원한 물을 사용하지만 가을, 겨울에는 따뜻한 물을 사용하 는 것이 좋다고 한다. 산시에서도 지방에 따라서는 밀가루와 물을 2:1 의 비율로 섞어서 반죽하기도 한다. 그렇게 반죽을 하고 물을 조금 더 부어 반죽을 적당히 두들겼다가 면포로 싼 후 30분 정도 숙성시키면 부 드럽고 윤기 나는 단단한 반죽덩어리가 완성된다.

숙성시킨 반죽을 원형의 적당한 크기로 만들어 나무판에 얹어 왼쪽 어깨(오른손잡이의 경우) 위에 올리고 오른손에 잡은 칼로 밀가루반죽을 밀어내면 면발이 만들어지는 것이다. 이때 사용하는 칼은 특수 제작한 것으로 폭이 6cm밖에 되지 않는다. 칼날은 아주 얇고 가벼워 질감이 마 치 함석 조각 같았다.

요리사가 면발을 깎아내는 모습을 자세히 지켜보면 오른손 네 손가락으로 칼을 잡고 나머지 손가락 하나로는 칼끝을 지지한 후 반죽을 빠른 속도로 위에서 아래쪽으로 깎아내는데 신기하게도 약 30cm 정도 길이의 면발이 만들어져서 냄비 안에 자동으로 떨어진다.

　지시엔(吉縣) 지방에는 산시(山西)와 산시(陝西)를 가로지르는 황허(黃河)가 연출한 중국 최대의 황색 폭포인 후커우(壺口) 폭포가 있다. EBS 〈세계테마기행〉 촬영차 후커우폭포로 가던 길에 우연히 들른 한 농가에서는 밀가루반죽으로 각종 동물모양의 만터우(饅頭)를 빚고 있었다. 이 지역에는 동물모양의 만두를 빚는 풍습이 있다고 한다.

　할머니부터 온 가족이 둘러앉아 밀가루반죽을 손에 잡힐 만큼 잡고 가위와 빗 등으로 가볍게 손질하면 돼지와 새 등 온갖 동물모양의 만터우가 만들어졌다. 이들이 이런 온갖 동물모양의 만터우를 빚는 것은 청명(淸明)에 12간지 중 자신의 띠에 해당하는 동물모양 만터우로 제사를 지내는 풍습에서 비롯된 것이다. 제사를 지내고 난 후 제각각 자신이 좋아하는 모양의 만터우를 꼬치처럼 막대에 끼워 먹곤 한다. 나는 인심 좋은 할머니가 자꾸 주시는 만터우를 받아들기는 했지만 살아 움직이는 듯한 모습에 먹기가 아까울 지경이었다.

　지시엔 사람들에게서는 밀가루 보관에도 세심하게 신경을 쓰는 모습을 발견할 수 있었다. 부엌 한켠에 마련된 창고에는 밀가루만 따로 보관하는 용기가 있었다. 주식으로 만터우와 국수를 먹기 때문에 밀가루를 늘 신선하게 보관하는 것이 무엇보다 중요하기 때문이었다. 그들에게 밀가루는 우리의 쌀같이 가장 중요한 양식이었다.

　무엇보다 이곳에서 다 빚은 만터우를 강한 석탄불로 쪄내는 것이 이색적이었다. 산시가 중국 최대의 석탄산지라는 사실이 새삼 실감났다. 할머니에게 삼시 세끼 밥은 먹지 않고 밀가루 음식만 먹느냐고 물었다.

　"할머니 늘 이렇게 만터우와 국수만 드시나요? 국수만 먹으면 오후에

다오샤오미엔의 면발 속은 살짝 비어 있는 것 같으면서도
바깥은 쫄깃쫄깃하고 단단하고 유연하면서 매끄럽다.

는 힘이 없을 것 같아요."

그러자 할머니는 "국수를 먹어야 힘이 나지, 밥을 먹으면 힘이 없어. 우리에게 국수나 만터우를 먹지 말라는 것은 굶어죽으라는 말이야"라고 대답했다. 이곳 사람들은 아침에는 간단한 죽과 만터우를 먹고 점심 때는 국수, 그리고 저녁에는 다시 몇 가지 요리와 만터우를 먹는다. 주식으로 밥을 먹는 일은 거의 없다.

삼국지의 영웅, 관우(關羽)의 고향인 윈청(運城) 부근의 고원지대가 빚어낸 지하주택을 찾아갔다가 맛본 국수(炒麵, 일종의 볶음면)는 산시 국수가 갖고 있는 다양한 조리법을 확인시켜줬다. 이 지하주택의 주인은 집에 찾아온 손님을 대접하겠다며 여지없이 국수를 빚기 시작했다. 어떤 국수를 만들지 궁금해졌다.

반죽을 우리나라의 홍두깨 같은 밀방망이를 이용해 얇고 넓게 편 후 칼로 면발을 썰 때까지만 해도 칼국수를 만드는 줄 알았다. 그러나 그 다음에는 잘라낸 면발을 찜기 위에 가지런히 펼친 후 뚜껑을 덮고 만터우를 찌듯이 쪄냈다. 그리고는 다 익은 국수를 꺼내놓고는 프라이팬에 기름을 살짝 두르고 야채를 볶기 시작했다. 야채가 적당히 익자, 쪄놓은 면발을 넣고 함께 볶기 시작한다. 베이징에서 자주 먹던 차오미엔과 달리 중국식 양꼬치구이에 빠질 수 없는 향신료인 쯔란(孜然)을 듬뿍 첨가했다. 차오미엔에 양꼬치 향신료라니, 산시국수의 놀라운 변신이 아닐 수 없었다.

산시 어느 곳을 가나 그 지방 특유의 국수가 있다. 산시를 대표하는 다오샤오미엔은 물론, 차오미엔이나 라미엔 등 중국 어디를 가나 맛볼 수 있는 국수와, 끊어지지 않는 면발 한 가닥으로 되어 있어 장수를 기원하며 생일에 먹는 이건미엔, 뱅어가 헤엄치는 모양의 보위미엔(撥魚麵), 벌집모양의 요우미엔 카오라오라오, 고양이귀모양의 마오얼둬(猫耳朵)에 이르기까지 모양은 물론이고 재료도 메밀과 귀리 등 온갖

산시국수는 천변만화(千變萬化)!

잡곡을 응용가능하니 '산시국수는 천변만화(千變萬化)'라는 말이 전혀 과장이 아니다.

산시국수를 제조방식에 따라 분류한다면 찌는 방식(蒸制)과 삶는 방식(煮制), 볶거나 튀기는 방식(烹制) 등 세 가지로 크게 분류할 수 있다.

· 찌는 방식 (蒸制 정즈)

찌는 방식의 국수는 일반적으로 긴 면발의 국수가 아니라 만터우 같은 면식류를 가리킨다.

산시의 대표적인 정즈식 국수는 옥수수국수인 워워(窩窩)라고 할 수 있다. 워워는 예전 산시에서 가장 보편적이고 대중적인 주식이었다. 산시의 진중(晉中)과 진남(晉南) 지방 등 밀 생산지역에서는 워워보다는 만터우를 주로 먹었다. 산시지방의 만터우는 꽃빵으로도 불리는 화쥐알(花卷儿), 다오체모(刀切饃), 위엔만(圓饅) 등으로 모양이 조금씩 달랐다. 만터우는 중국의 면식류 중 큰 비중을 차지하는 줄기 중의 하나로 크게 두 종류로 나눌 수 있다. 만터우 속에 아무것도 넣지 않은 바이만터우(白饅頭)와 속에 소를 넣어 만든 쮜바오즈(作包子)인 화쓰만터우(花色饅頭)가 그것이다.

만터우의 유래는 제갈공명과 관계가 있다. 《사물기원》(事物紀元)에 따르면 《삼국지연의》(三國志演義)에서 제갈공명이 남만(南蠻)을 정벌하고 돌아오는 길에 심한 풍랑을 만나게 되자 참모들이 남만의 풍습에 따라 사람의 머리 49개를 수신(水神)에게 제물로 바치고 제를 올려야 한다고 건의했다. 그러자 제갈공명이 사람의 머리를 제물로 올리는 대신 밀가루반죽으로 사람 머리모양을 만들어 제물로 바치고 제사를 지냈더니 풍랑이 가라앉았다는 고사(故事)가 있다. 제갈공명이 만든 사람 머리모양의 밀가루반죽이 후에 중국인들의 주식(主食)인 만터우로 확고히 자리 잡았다.

베이징의 미엔쿠에서 노부부가 보여준 요우미엔 카오라오라오(莜麵烤佬佬)도 산시국수 중에서는 꽤 유명하다. 카오라오라오는 산시 진북(晉北), 진중 지방과 뤼량(呂梁) 지방의 라오바이싱들이 즐겨먹는 국수다. 산악지역인 이곳은 카오라오라오의 주재료인 귀리의 주산지이기 때문이다.

카오라오라오는 반죽을 작게 떼어내서 벌집처럼 만들어 쪄낸 후 각종 고명과 식초를 뿌려 먹는 것이 가장 기본적인 방법이다. 물론 다른 조리법도 있다. 반죽 덩어리를 작게 떼어내 중지와 검지 사이에 끼웠다가 깨끗한 석판 위에 숙성을 위해 잠시 올려둔다. 시간이 지난 후, 조금씩 떼어 물이 끓는 냄비 속에 던져 넣고, 강한 불에서 10분 정도 끓여서 익힌 후 양고기와 버섯을 잘게 썬 고명과 마늘, 식초를 얹으면 맛있는 산시 특산 카오라오라오가 완성된다.

물고기모양의 위미엔(魚麵)은 위위(魚魚)라고도 불리는데 산시 북쪽의 우타이산(五臺山) 인근의 신저우(忻州)와 딩샹(定襄), 우타이(五台), 위엔핑(原平), 다이시엔(代縣) 일대에서 주로 먹는다. 수수(高粱)를 잘 반죽해서 적당한 크기로 잘라 대추모양으로 만든 후 양손으로 잡고, 동시에 비비기 시작하면 작은 물고기모양이 된다. 그것을 끓는 물에 삶아낸 후 육수를 부어서 먹는다. 하나 하나 물고기모양으로 빚어낼 시간이 없을 때는 아주 얇게 펴서 홍미엔(紅麵)처럼 만들어 먹기도 했다고 한다.

샤오메이(稍梅)는 만드는 방법이 아주 복잡하다. 그래서 점심때 샤오메이를 먹으려면 상당한 준비가 필요하다. 최소한 1시간 전에 재료를 준비해야 할 정도로 손이 많이 간다. 양고기를 잘게 썬 후 산초가루(花椒粉) 같은 향신료와 소금 등의 각종 조미료를 넣어 잘 버무린 후 얇게 만두피를 만들어서 하나씩 빚어내야 한다. 가장 어려운 것이 최대한

국수는 산시사람 누구나 즐겨먹는 대표적인 서민음식이다.

만두피를 얇게 만드는 일이다. 다 만든 샤오메이는 찜통에 넣어서 30여 분 쪄낸다.

미엔쑤(麵塑)는 앞에서 언급한 동물모양 만터우의 다른 이름이다. 민간에서는 이를 미엔런(麵人), 미엔양(麵羊), 양가오모(羊羔饃) 등으로도 부른다.

산시에서 미엔쑤를 빚는 풍습은 진(秦)나라 초기에 형성되었으며 한(漢) 대에 이르러서는 중국의 명절 풍속이 되었다. 중국의 설날인 춘제(春節) 때는 물론이고 청명, 한식 등 주요 절기, 혼례와 장례 및 회갑연 등의 상차림에 반드시 올리는 음식이 바로 이 미엔쑤였다. 하늘과 땅과 신에 대한 공경과 만사형통을 기원하는 의미를 담고 있다.

미엔쑤는 지역에 따라 화모(花饃) 혹은 리모(禮饃)라고 불리는데 별다른 차이는 없다. 화모는 일반적으로 춘제를 앞두고 반죽을 빚어 부처님 손모양이나 석류, 연꽃, 복숭아, 국화, 말굽모양 등으로 만든 미엔쑤를 가리킨다.

결혼식 때는 신랑 신부 양가에서 모두 커다란 미엔쑤를 빚어 내놓는데, 이는 시모(喜饃)라고 한다. 결혼식 때 먹는 사탕인 시탕(喜糖), 하객에게 답례품으로 주는 담배 시옌(喜烟)의 연장이다. 하객들은 탁자 위에 놓인 시모를 먹으면서 결혼하는 부부의 행복을 기원한다.

산시의 진남 지방인 핑위안(平原)에서는 출산이 임박하면, 집안에서 아주 크고 둥글면서 속은 비어 있는 '후룬'(囫圇)이라는 화모를 만든다. 부녀자들이 그것을 빨간 보자기로 싸서 한 손으로 잡고, 다른 한 손으로는 어린아이를 안고서 마을을 왕래하는 풍습이 있었다고 한다.

· 삶는 방식 (煮制 주즈)

산시의 삶는 국수류는 종류가 50여 가지에 이르고 제조방식도 다양하다. 칼이 춤추면서 면발이 날리는 다오샤오미엔부터, 아주 가느다란 면발을 자랑하는 라미엔, 한 마리 용처럼 웅장한 자태를 자랑하는 이건미엔 등이 그것이다. 만드는 방법도 잡아당기거나(水引), 홍두깨로 얇게 밀거나 칼로 깎아내고, 누르거나(押麵), 뽑아내는 등 수십여 가지가된다. 밀가루에서 수수와 콩가루, 옥수수가루, 메밀과 귀리 등 온갖 잡곡을 재료로 사용하고 닭고기와 양고기, 쇠고기와 오리고기, 생선 등을 부재료로 사용해서 다양한 맛을 내며 야채와 기름, 소금, 장, 식초등도 모두 동원한다.

다오샤오미엔에 대해서는 앞에서 설명했기 때문에 라오바이싱들이다오샤오미엔에 이어 가장 많이 먹는 라미엔부터 살펴보기로 하자. 라미엔은 쑤이미엔(甩麵), 초미엔(扯麵), 야미엔(押麵) 등으로도 불리는데 산시 특유의 맛을 지닌 최고의 국수 중 하나로 꼽힌다.

청대(淸代) 말엽 산시(陝西)가 고향인 설보전(薛宝展)이 《소식설략》(素食設略)을 통해 "산시(山西)와 산시(陝西) 일대에서 유행하는 '전미엔탸오'(禎麵條)는 산시(山西) 타이위엔(太原)과 핑딩(平定), 산시(陝西) 차오이(朝邑)와 퉁저우(同州)가 가장 유명하다"고 지적한 바 있다.

이 전미엔탸오가 바로 지금의 산시 라미엔이다. 라미엔은 얇기가 부추 같고, 가늘기는 과미엔(挂麵) 같이 아주 가는 데다 거의 매자기풀(三棱子)처럼 매달린 형태가 되기도 하고, 오랫동안 삶아도 견딜 수 있을 정도로 질기면서도 부드러운 것이 특징이다.

라미엔은 국물과 같이 먹는 것이 보편적이지만 찌거나 삶고 지지고볶고 튀기는 방식으로 요리되면서 색다른 맛을 내기도 한다. 산시 라미엔의 종류 역시 큰 라미엔(大拉麵), 작은 라미엔(小拉麵), 롱쉬미엔(龍

須麵), 콩신미엔(空心麵) 등 다양하다.

산시 어디에서든, 혹은 타이위엔의 오래된 골목길을 걷다보면 아직도 전통적인 수타방식으로 라미엔을 뽑아내는 모습을 드물지 않게 볼 수 있다.

바오피미엔(包皮麵)은 자신미엔(夾心麵)이라고 부르기도 한다. 아주 옛날에 산시 진중(晉中) 지방에 사는 한 할머니가 종종 며느리에게 골치 아플 정도로 어려운 문제를 내곤 했다. 그녀는 며느리에게 밀가루와 콩가루를 적절히 사용해서 간미엔티아오(擀麵條, 칼국수같이 얇고 넓적한 국수)를 만들어 오도록 시켰다. 노파는 두 가지 재료를 똑같이 섞고, 먹을 때 두 가지 식감을 느낄 수 있어야 한다고 말했다. 총명하고 솜씨 좋은 며느리는 시어머니의 주문을 어려움 없이 소화해냈다. 두 가지 재료를 사용해서 만들어낸 것이 바오피미엔이다.

바오피미엔을 만들기 위해서는 먼저 밀가루와 콩가루를 1:1의 비율로 준비한다. 우선 따뜻한 물로 밀가루와 콩가루를 각각 따로 반죽한다. 그런 다음 콩가루반죽으로는 둥근 원형의 새알을 만들고 밀가루반죽은 얇게 펴서 전병 같은 모양을 만든다. 마지막으로 전병모양의 밀가루반죽으로 콩가루새알을 감싼 후 납작하게 밀어주면 바오피미엔 국수가 완성된다. 바오피미엔을 먹을 때는 샹차이(香菜)를 넣은 시원한 육수를 사용하고 마늘과 마라(麻辣) 등의 향신료를 첨가한다.

롱쉬미엔(龍須麵)도 산시 특색을 잘 드러내는 국수의 하나로 꼽힌다. 롱쉬미엔은 원래 궁중음식의 하나였는데 민간으로 전승되면서 대중화된 것이다. 롱쉬미엔의 '롱쉬'(龍須)는 고대 중국의 황제가 사사한 이름으로 알려져 있다. 롱쉬미엔은 가늘기가 머리카락보다 더 가는 데도 잘 끊어지지 않아 용의 수염 같다고 해서 붙여진 이름이다. 산시에서는 회갑연이나 마을사람이 많이 모이는 연회를 할 때 이 롱쉬미엔을 먹으면서 축하의 뜻과 장수 기원을 함께 나눈다.

카오라오라오(위)와 티지알.

동물모양 만터우(위)와 고양이귀 국수.

롱쉬미엔은 만드는 방법이 정교하고 오랫동안 전승된 것이지만 아무에게나 알려주지 않을 정도로 비밀스럽다. 우선 밀가루와 물을 5:3의 비율로 섞어서 반죽하고, 반죽 위에 향유(기름)를 발라 숙성시킨다. 숙성된 반죽을 반죽대에 놓고 양손으로 잡고 잡아당겼다가 두들기는 수타 방식을 통해 길게 면을 뽑아내, 칼로 손가락 마디 크기로 잘라낸다. 잘라낸 면발에 밀가루나 기름을 살짝 발라 냄비에 넣고 끓여 먹는다. 또 반죽을 할 때 설탕을 첨가, 아주 달콤하게 만든 후 실타래처럼 뽑아내서 간식으로 먹기도 한다.

바구(八姑, 또는 拔姑)는 산시에서만 볼 수 있는 독특한 국수다. 당 태종 때부터 산시 민간에서 전해 내려오는 이야기에 따르면 진촨(秦川) 지방 8백 리에 3년 동안이나 가뭄이 들어 곡식을 전혀 수확할 수가 없었다고 한다. 황제가 직접 나서서 백성들과 함께 진산(錦山)을 향해 기우제를 지냈다. 그러자 곧바로 큰 비가 내려 곡식을 수확할 수 있게 됐다. 이후 당 태조 이세민은 문무백관들과 진산에 가서 참배를 하곤 했는데 한 번은 여동생 세고(世姑)를 데려 갔다. 그런데 세고는 진산에 도착하자마자 곧바로 '오룡성모'를 만나 사부로 삼고는 수도인 장안(長安)으로 돌아가지 않겠다고 고집을 부렸다.

그렇게 그곳에 머물던 어느 날, 그녀가 한 노파를 위해 밥을 짓게 되었는데 어려서부터 황제의 궁에서 자란 그녀가 어떻게 밥을 지을 수 있겠는가. 난생 처음 해본 밀가루반죽은 생각대로 되질 않았다. 반죽이 단단하면 물을 더 붓고, 물이 많아져서 반죽이 물러지면 다시 밀가루를 더 넣기를 여러 차례, 결국 반죽이 엉망이 되어 제대로 국수를 빚을 수 없을 정도가 됐다. 그렇게 되자 세고는 젓가락 한쪽을 잡고 되는 대로 반죽을 잘라서 물이 끓고 있던 냄비에 넣었다. 그렇게 젓가락으로 자른 면발을 넣은 '세상에 없던 국수'가 만들어졌다. 노파는 그녀가 내온 국수를 보고 물었다.

"애야. 이 국수를 무엇이라고 부르느냐?"

세고는 노파가 제 이름을 묻는 줄로 잘못 알아들었다. 이상한 국수를 만들어 온 자신을 질책하려는 줄 알고 진짜 이름 대신 어릴 적 아명(兒名)을 생각해냈다.

"바구라고 합니다."

그 후로 이 국수를 바구라고 부르게 된 것이다.

바구를 만들 때는 밀가루와 따뜻한 물을 5:3의 비율로 섞어 반죽을 만든다. 그다음에 계속해서 물을 더 부으면서 반죽을 비벼준 후 물에 적신 천으로 반죽을 싸서 30분 정도 접시나 용기에 넣어 숙성시키면 완성된다. 냄비에 끓일 때는 왼손으로 그릇을 잡고 오른손으로 젓가락 끝을 이용해 반죽을 빠르게 쳐낸다.

바구는 보위미엔(撥魚麵)이라고도 한다. 젓가락으로 튕겨낸 면발이 '헤엄치는 뱅어'모양의 수제비 같아서 붙은 이름이다. 젓가락으로 쳐낸다는 의미로 티지알(剔尖兒)이라고도 한다.

산시에서는 아들을 장가보내기 전에 시어머니가 며느리를 집으로 불러 고양이귀 국수(猫耳朵)를 대접하는 풍습이 있다. 이는 갈등이 일 수 있는 고부(姑婦) 간에 사이좋게 잘 지내자는 의미를 담고 있다.

고양이귀 국수를 만들기 위해서는 먼저 밀가루와 물을 2:1의 비율로 반죽한다. 겨울에는 온수, 여름에는 냉수를 쓴다. 밀가루 대신 메밀가루와 귀리가루 등 잡곡을 쓰기도 한다. 반죽을 한 후에는 물에 적신 면포로 싸서 숙성을 시킨다. 숙성된 반죽은 0.5cm 크기로 잘라낸 후 양손 엄지 끝을 사용, 눌러서 1cm 안팎의 고양이귀모양으로 얇게 빚는다. 끓는 물에 넣고 삶아내서 여러 가지 고명을 얹어 먹는다. 산시(山西)와 인접한 산시(陝西) 치산(岐山)에는 소면(挂麵)이 유명하다. 산시(山西)에서는 이 치산소면 역시 산시국수의 한 줄기로 간주한다.

청나라 말엽 산시 지산(稷山)에서 마진딩(馬金定)이라는 형제가 천

리나 떨어진 치산에 가서 소면을 만들어 팔기 시작했다. 이때 '순천성'(順天成)이라는 상호로 식당을 열었는데 지금도 치산소면을 파는 음식점 중에는 순천성이라는 상호를 사용하는 곳이 많다. 치산소면은 과거 황제에게 공물로 바쳐지기도 할 정도로 명성이 자자했다.

13세기 이탈리아의 마르코 폴로가 실크로드를 따라 중국에 왔다가 중국국수를 맛보고는 이탈리아에 국수 제조법을 전했다는 일화는 유명하다. 그가 중국에 있는 동안 두 번이나 산시에 와 산시국수를 맛보고 갔다는 산시사람들의 이야기를 믿어도 될까?

· 볶거나 튀기는 방식 (烹制 펑즈 · 炒制 차오즈)

다오샤오미엔도 삶아서 탕(湯)으로 내놓지 않고 소스를 끼얹거나 기름에 볶고 튀겨서 내놓으면 완전히 다른 국수가 된다. 산시국수의 특별한 변신이다.

다오샤오미엔은 다른 국수 면발보다 더 쫄깃한 식감과 빠자오(八角) 등의 각종 향료와 닭고기 등으로 우려낸 육수가 어우러진 맛으로 중국 라오바이싱의 사랑을 받고 있지만 다양한 방식으로 먹어도 색다른 맛을 느낄 수 있다.

일반적인 국수와는 다른, 입맛을 자극하는 중국국수가 먹고 싶을 때는 야채와 고기를 얇게 썰어 볶은 차오미엔(炒麵)을 권한다. 사실 볶거나 튀기는 국수는 외양부터 국수로 부르기보다는 미엔스(麵食, 분식)라고 하는 편이 맞을지도 모르겠다. 고양이귀모양의 마오얼둬나 물고기모양의 녠위(捻魚) 같은 미엔스는 육수에 삶아 내놓는 것보다는 기름에 튀기거나 볶아서 먹는 경우가 더 많다. 이밖에 샤오제펜(小撅片), 더우미엔류젠(豆麵流尖), 주화다(煮花塔) 등도 이와 같은 종류이다. 또한 라오빙(烙餅)과 젠빙(煎餅), 마화(麻花), 유가오(油糕) 등도 기름에

기름에 볶고 튀겨서 내놓으면 완전히 다른 국수가 된다.

산시국수의 특별한 변신이다.

지지거나 튀긴 젠빙류의 미엔스다. 이런 류의 미엔스를 우리가 흔히 분류하고 있는 전통적 의미의 국수라고 지칭할 수는 없지만 넓은 의미에서 '산시미엔스'라고 할 수 있다.

자가오(炸糕)는 산시 진북(晉北)의 것이 유명하다. 산시 지역별로 내세우는 미엔스가 있는데, 진남(晉南)은 만터우, 진중(晉中)은 국수, 진북은 자가오가 일미다.

특히 산시 북부의 다퉁(大同)을 비롯한 옌베이(雁北) 지방에서는 집을 새로 지을 때 상량과자(上樑糕)를 반드시 먹어야 하고, 이사를 갈 때는 이사과자(搬家糕)를 먹어야 하며, 시집을 갈 때는 루오구과자(鑼鼓糕, 징과 북을 치듯이 온동네에 혼사를 알리는 과자)를 먹어야 한다. 또한 춘제에는 명절과자를 먹는데, 이 옌베이 지방의 튀김과자는 수가오(素糕), 마오가오(毛糕), 추이자가오(脆咋糕), 세 종류가 있다. 이 중에서 수가오는 기장을 갈아 쪄서 만드는 것으로 누런색을 띤다고 해서 황가오(黃糕)라고도 불린다. 마오가오는 안에 소가 들어 있고, 추이자가오는 마오가오를 기름에 튀긴 것이다.

이워수(一窩酥)는 근대 이후 타이위엔에서 유명해진 간식거리이다. 타이위엔의 오래된 식당인 진양반점(晉陽飯店)의 후스녠(胡世年)이라는 일급 요리사가 1958년 용의 수염처럼 가는 롱쉬미엔(龍須麵)을 변형시켜서 만들어 낸 간식이라고 한다. 요즘 타이위엔에서는 이워수 속에 팥이나 대추, 과일 등을 넣어 맛을 다양화하기도 한다.

궈쿠이(鍋魁)는 젠빙을 만들던 요리사가 우연히 만들어낸 요리다. 남은 밀가루반죽에 기름지고 달콤한 소를 넣어 납작하게 화로에 구워 내니 맛도 모양도 독특한 궈쿠이가 탄생했다.

광서 26년 중국을 침공한 연합 8개국 군대가 톈진을 지나 베이징으로 향하자 서태후는 베이징을 떠나 산시로 피난을 갔다. 피난길에 위엔핑(原平) 지방을 지나다가 미처 저녁을 준비하지 못한 신하가 서태후에게 저녁 대신 궈쿠이를 바쳤고, 이 맛을 본 서태후가 맛있다고 칭찬하며 궈쿠이(鍋饋)라고 불리게 되었다는 이야기도 있다.

산시의 볶음 음식을 말할 때 빼놓을 수 없는 것이 원시주빙(聞喜煮餅)이다. 산시가 자랑하는 '사오빙(燒餅)의 왕'이다. 주빙은 기름에 튀긴 젠빙으로 산시 남부에서는 '튀기다'는 뜻의 '자'(炸)를 '주'(煮)로 대신 쓰기도 한다. 원시주빙의 모양은 보름달처럼 둥글고 표면에 참깨를 잔뜩 붙여서 옅은 남색으로 보이기도 한다.

청대 300년 동안 원시주빙은 톈진과 베이징, 시안, 지난(濟南), 카이펑(開封) 등의 내륙 거점도시는 물론이고 상하이와 광저우 등 연해도시에까지 명성이 자자했다. 루쉰(魯迅)의 소설 〈고독자〉에서 "나는 두 개의 원시주빙을 들고 친구를 만나러 갔다"라는 표현을 볼 수 있는데 이를 통해서도 원시주빙의 인기를 짐작해 볼 수 있다.

이밖에 양저우차오판(楊州炒飯)과 비슷하지만, 쌀을 좁쌀처럼 잘게 으깨 만든 계란볶음밥 차오샤오미(炒小米)와 멍펑빙(孟封餅), 쐐이빙(甩餅), 궈티에(鍋貼), 마화(麻花) 등도 산시 펑즈 미엔스에 속한다.

'산시식초'에 대한 산시사람들의 자부심은 타의 추종을 불허한다. 중화인민공화국 건국 이전, 장제스의 국민당 정부와 마오쩌둥의 중국 공산당 간의 국공내전이 한창 벌어지던 시기, 산시사람들은 "차라리 투항할지언정 식초항아리는 절대 내줄 수 없다"고 했다. 그 정도로 그들에게 식초란 목숨과도 바꿀 수 없는 소중한 것이었다.

  산시는 식초(醋)의 본고장이다. 우리나라에서 집집마다 간장과 고추장 등의 장(醬)을 담가 집안의 전통을 이어가듯이 산시의 일반 가정에서는 최근까지도 식초를 빚는 풍습이 있다. 산시식초는 대부분 수수(高粱)로 빚고, 산지로 이뤄진 고원지방에서는 쌀식초는 물론, 대추식초, 감식초, 멧대추식초 등 온갖 잡곡으로 식초를 양조했다. 집집마다 그 집만의 식초항아리가 있고 산시사람은 누구든 식초장인에 버금갈 정도로 독특한 식초를 빚을 수 있을 만큼, 산시사람들에게 식초는 일상적인 식재료다.

  중국의 다른 성이나 자치구의 라오바이싱들이 손님이 찾아오면 술을 한 잔 권한다면 산시에서는 '식초 한 잔 드시라'는 말을 듣게 될 것이다.

중국인들 사이에서 산시사람들은 '라오시얼'(老醯儿, 老西儿) 이라고 불린다. 이때 라오시얼(老醯儿)의 '시'(醯) 자는 고어(古語) 로 식초(醋) 의 문어체인데, 산시(山西) 의 '시'와 발음이 같아 자연스럽게 산시사람을 지칭하는 말로 쓰이게 되었다. 오래된 기록을 살펴보면 산시에서도 식초를 '시'(醯) 로, 식초 만드는 장인을 '시런'(醯人) 으로 불렀던 흔적을 찾을 수 있다. 물론 산시사람 스스로 붙인 호칭은 아니다. 그저 유달리 식초를 즐겨 마시고 직접 만들기까지 하는 산시사람들이 외지인의 눈엔 오래전부터 지독하게 식초를 마셔대는 '라오시얼'로 비치는 것은 당연했다.

산시사람들의 식초사랑은 그들의 주식인 국수와 깊은 관련이 있다. 식초 없이 먹는 산시국수는 상상도 할 수 없기 때문이다. 다시 말해 식초는 산시사람들의 일상생활과 불가분의 관계를 맺고 있다. 그래서 산시에 발을 들여놓으면 최고급 식당이든, 노점식당이든 식당에 들어가서 테이블에 앉기만 하면 비치된 식초를 마음껏 먹을 수 있다. 혹시라도 식당의 종업원이 달려와서 물이 아니라 식초를 가져다주는 것을 이상하게 생각해서는 안 된다.

중국 식초의 역사는 수천 년 전으로 거슬러 올라간다. 전한(前漢) 시대의 콩안궈(孔安國) 가 쓴 《상서》(尙書) 의 〈상서편〉(尙書篇) 에는 "술을 빚을 때는 누룩만 있으면 되지만, 국을 만들려면 소금과 매실이 있어야 한다"는 기록이 있다. 이는 감미로운 술을 빚을 때는 누룩이 필요하지만, 국(羹湯) 을 끓이는 데는 소금과 매실 '식초'가 필요하다는 뜻으로 해석된다. 탕을 끓이는 데 필수적인 조미료로 식초가 사용되었다는 것을 말해준다. 주(周) 나라 사람들도 식초를 만들어 먹었다는 기록이 있으니 적어도 중국 사람들과 식초의 역사는 3천 년은 된 셈이다.

요즘이야 식초가 어디서나 쉽게 구할 수 있는 조미료지만, 춘추시대까지는 구하기 힘든 값진 조미료였던 모양이다. 식초가 대량생산되고

산시식초가 없었다면
산시국수 문화도 발전하지 못했을 것이다.
산시사람들은 국공내전 때도
'차라리 투항할지언정 식초항아리는 내줄 수
없다'며 식초를 목숨보다 소중하게 여겼다.

라오바이싱들까지 널리 먹게 된 것은 한대(漢代)부터이다. 현재 식초라는 뜻으로 쓰는 '추'(醋)라는 한자도 이때부터 사용된 것으로 보이고, 민간에서 직접 식초를 제조하는 풍습도 이때부터 형성되었다고 볼 수 있다.

식초의 본고장인 산시에서는 아직도 민간에서 식초를 만든다. 산시 핑촨(平川) 지방에서는 주로 수수로 식초를 양조하고, 산간지방에서는 쌀식초와 대추식초, 감식초, 멧대추식초 등을 만든다.

비교적 큰 농촌마을에서는 집집마다 식초를 만드는 커다란 항아리가 있었다. 그 속에는 식초 재료로 쓰는 수수와 보리, 콩, 누룩 등을 담아두고 여름 볕과 겨울 추위를 견디면서 자연스럽게 발효시킨다. 이런 자연을 이용한 방식으로 불순물을 제거하고, 산시 특유의 깊은 향을 가진 식초를 만들어서 먹었던 것이다.

북위(北魏) 때 저술된 《제민요술》에는 22가지의 식초양조법이 기록되어 있다. 사람들은 아직도 이를 산시 특색의 식초양조법으로 여긴다. 이 책에 나오는 〈작미초법〉(作米醋法)은 '산시 라오천추'의 식초양조법과 다를 바 없다.

산시식초 중에서 가장 널리 이름이 알려진 것은 '칭쉬 라오천추'(清徐老陳醋)이다. 1644년부터 생산되기 시작한 이 식초는 이전의 양조법으로 만들어지던 식초에 비해 색깔이나 향, 맛 모든 면에서 월등했다. '식초신선'이라고 불리는 왕라이푸(王來福)가 칭쉬현에 와서 개발해낸 제조법 덕분이다. 그는 미화거초방(美和居醋坊)에서 전통 양조법을 변형시켜 훈증법이라는 독창적인 양조법을 탄생시켰다.

훈증법이란 찌고 발효시키고, 연기에 쐬고(훈증하고), 물에 담갔다가 오랫동안 숙성시키는 등 5가지 단계를 거쳐 양조하면서 이전까지의 식초양조법에 획기적인 변화를 준 것이다. 왕라이푸의 양조법은 식초의 빛과 향, 맛을 향상시키지만 대신 양조방식도 복잡하고 기간도 길어진다. 그래서 과거와 다르다는 뜻으로 '라오천추'(老陳醋)라고 부르게 되었다. '라오천추'는 중국 4대 식초 브랜드 중에서 최고로 꼽힌다.

1940년 '중국 미생물학의 할아버지'로 불리는 팡신팡(方心芳)은 《산시식초》라는 책에서 "중국에서 가장 저명한 식초는 산시식초와 전장식초(鎭江醋)를 꼽을 수 있다. 전장식초는 진하고 약효까지 있어 산시식초와 비교해서 1위로 꼽기에 손색이 없다. 그러나 묵히고 숙성시킨 기간이 장구하고 숙성과정상의 화학작용 등을 고려했을 때 산시식초의 색과 맛은 단연 으뜸이다. 중국 최고 식초의 명성은 산시식초에게 돌릴 수밖에 없을 것"이라고 평가했다.

산시사람들은 국수를 먹을 때나 돼지고기나 닭고기, 채소 등을 활용한 요리를 할 때 식초를 듬뿍 사용한다. 산시사람들이 소비하는 식초의 양은 다른 지방 사람들보다 아주 많다. 여기에는 지리적 환경의 영향도 크게 작용한다.

황토고원지대에 위치한 산시의 기후는 아주 건조하다. 식초는 건조함을 조절하는 기능이 있다. 또한 산시의 물은 경수(硬水)로 알칼리 성분이 강하기 때문에 식초를 마시는 것은 체내 알칼리 성분을 중화하는 데 효과적이다. 잡곡을 주식으로 하는 산시사람들의 소화를 돕는 역할까지 할 수 있다.

그래서 산시사람들은 국수와 만터우 등을 주식으로 하는 식사를 하기 전에 먼저 식초를 먹는 것이 습관화됐다. 산시사람뿐만 아니라 평소에는 별도로 식초를 마시지 않던 외지인들도 산시지방에 오면, 끼니마다 식초를 마시지 않을 경우 곧바로 소화불량 증세를 느끼거나 위장이 불편한 상황에 처할 수 있다.

산시사람들은 "산시에서 어떻게 식초를 마시지 않을 수 있겠는가?"라며 빙긋이 웃곤 한다. 산시의 어느 식당이든지 테이블마다 무료로 마실 수 있는 식초를 비치해두고 마음껏 마실 수 있도록 한다.

무엇보다 산시국수를 다른 지방의 국수와 다르게 하는 것이 바로 산시식초다. 산시사람들은 시장바닥 노점식당에서 단돈 3~5위안짜리 다오샤오미엔을 먹더라도 반드시 식초를 듬뿍 넣는다. 식초를 넣지 않으면 산시 다오샤오미엔의 진짜 맛이 나지 않는다.

명나라 때 리스전(李時珍)이 저술한 《본초강목》(本草綱目)은 식초의 효능에 대해 "소화를 돕고 화기를 가라앉히고 해독작용을 하는 약"이라고 기술했다. 그래서인지 산시에서는 집집마다 늘 두 근의 식초를 두고 있어 약국에 갈 필요가 없다는 이야기도 있다. 식초가 음식의 맛을 배가시키고 소화를 도울 뿐만 아니라 예전에는 온갖 가벼운 증상을 치료하는 데에도 활용되었다는 것이다.

요즈음 산시에서는 식초를 하나의 산시 특산의 건강식품뿐만 아니라 관광상품으로도 활용하고 있다. 산시 타이위엔 교외에 자리 잡은 칭쉬 동후추위엔(淸徐 東湖醋園)은 예전의 미화거초방이 남긴 양조공장과 농기구들을 전시하는 식초박물관과 식초공장을 함께 운영하면서 이곳을 찾는 사람들에게 식초 제조공정을 단계별로 보여주면서 관광명소로 거듭나고 있다. 이곳이 바로 중국 최고의 식초박물관으로 이곳에서는 식초 제조과정을 직접 볼 수 있을 뿐만 아니라 식초를 직접 맛보고 살 수도 있다.

산시런은
산시국수처럼
길고 강인하다.
그들은
산시식초의
오랜 명성처럼
은은하면서도
솔직하고 호방하다.

2

山西人

산시런

1 산시런, 그들은 누구인가

'산시런'(山西人, 산시사람)에 대한 중국인들의 일반적인 평판은 꽤 다양하다. '산시사람들은 정이 많으면서도 대범하고 영웅적'이라며 아주 좋아하는 사람이 있는가 하면, '산시사람은 중국에서 가장 완고하고 촌스럽다'며 악평을 하는 사람도 있다. 또한 산시사람들은 총명하고 상업적 재능이 뛰어나서 '진상'(晋商)으로 불리면서 '휘상'(徽商, 안후이성 출신 상인)과 더불어 한때 중국의 상방(商帮)을 주름잡던 상인의 본고장이기도 했다.

그래서 중국인들에게 산시사람은 오화팔문(五花八門)이자 남원북철(南轅北轍)이었다. '형형색색으로 다양'하고, '수레의 끌채는 남쪽으로 향하고 바퀴는 북쪽으로 가려고 하는 것'처럼 한마디로 정의할 수 없는 다소 모순되는 성향의 사람들이라는 뜻이다.

개혁개방 이후 30여 년간 산시는 소외되고 낙후된 지역의 대명사였다. 중국의 각 성시(省市) 중에서 '서'(西) 자가 들어가 있는 곳은 대부분 가난하고 개발에서 낙후된 곳이다. 산시(山西)를 필두로 산시(陝西), 장시(江西), 광시(廣西) 자치구 등이 모두 그러하다. 산시는 중국

정부가 연해지방의 성장을 기반으로 내륙지방과의 지역균형발전을 위해 추진한 '서부대개발전략'에도 포함되지 않았고 동북지역 개발지구에서도 소외됐다. 산시사람들이 오죽했으면 "우리는 아무것도 아니다"(我們不是東四)라고 자조적으로 스스로의 처지를 비아냥댔을까.

'산시사람은 촌스럽다'(山西人是很土氣)고 한다. 산시사람을 무시하고 비하하는 말이다. 그러나 산시사람들은 그 '촌스러움'(土氣)를 오히려 자랑스러워하고, 심지어 강한 자부심을 가지고 있다.

> 중국의 20~30년 역사를 보려면 선전(深圳)을, 100년의 역사를 보려면 상하이(上海)를 보라. 중국 1천 년의 역사를 보려면 베이징(北京)을, 2천년의 역사를 보려면 산시(陝西)를 보라. 그러나 만약 당신이 중국의 3천년 역사를 보고자 한다면 산시(山西)를 보지 않으면 안 된다.

중국 사람들이 중국의 유구한 역사를 설명할 때 종종 하는 말이다. 물론 지역에 따라 표현은 조금씩 바뀌지만 산시사람들에게 이 말은 산시가 곧 중국 문명의 발상지임을 강조하는 훌륭한 문장일 것이다. 산시사람들은 외지인이나 외국인에게 이 표현을 설명하면서 자신의 고향이 산시라는 것을 자랑스러워한다.

실제로 산시는 화샤(華夏) 문명의 주요 발상지 중 한 곳으로 중국에서 가장 먼저 문명이 싹튼 곳이다. 중국의 원인류(原人類)가 고대 문명을 꽃피웠던 곳이 바로 산시였다. 앞에서 언급한 산시사람이 자부심을 갖고 있는 촌스러움, 즉 '토기'(土氣)는 고루하고 완고하다는 의미가 아니라 바로 산시가 화샤문명의 발상지로서 중국의 원류였다는 의미와 동의어인 셈이다.

산시 남부의 루이청(芮城)현 시허우두(西侯度)에서 발견된 구석기 시대 인류 유적지는 고고학적 조사결과 약 180만 년 전에 형성된 것으로 밝혀졌다. 당시의 시허우두 원인(原人)은 석기를 직접 제작하고 불을 처음으로 사용한 진화된 인류의 조상으로 추정된다.

또 산시 샹펀(襄汾) 현의 딩춘(丁村) 유적지에서는 중국에서 가장 오래된, 지능을 갖춘 인류의 화석이 발견됐다. 이 원인은 베이징원인(北京原人)과 현대인 사이의 진화된 인류의 조상으로 현대 황인종의 특징을 그대로 갖고 있다. 산시는 이 같은 유적을 바탕으로 인류와 중국 한족의 발상지로 함께 인정받는 곳이다.

기원전 약 2천여 년 전의 요(堯)·순(舜)·우(禹)시대, 즉 화샤문명 초기, 산시 남부에서 수많은 문명이 꽃을 피웠다. 그 결과 산시 곳곳에 고고학적 유적들이 산재하고 여러 생동하는 전설도 탄생했다. 당대의 수많은 정치가와 장군, 사상가와 문학가, 학자들도 배출했고 산시사람들의 외향적이고 창조적인 개척정신도 바로 여기에 연유한 것이다. 산시사람들의 위험을 두려워하지 않는 도전정신과 외향적이고 창조적인 성격을 설명하기 위해서는 다음의 두 가지를 이야기해야 한다.

그 첫 번째는 '홍동대괴수'(洪洞大槐樹)다. 원래 한족(漢族)은 이동하는 것을 좋아하지 않는 농경민족이다. 그러나 중화민족의 원조 격인 산시사람들이 그런 상식을 깨뜨렸다. 중국 최초의 대규모 이주사태가 바로 산시에서 일어난 것이다.

명대(明代) 초기, 관리들은 부패했고, 도적이 창궐했다. 홍건적의 난과 황허(黃河)의 범람 같은 빈번한 자연재해로 인해 산시사람들의 삶은 날로 피폐해졌다. 하루하루가 불안해진 것이다. 그래서 그들은 더 나은 생활을 찾아 떠나기로 했다.

이 용감한 결정이 바로 홍동(洪洞) 현의 커다란 회화나무(槐樹) 아래에서 내려졌다. 산시사람들은 떠나기 전 이 나무 아래서 제를 올리며 고향을 기억하겠다고 다짐한다. 이후 50여 년에 걸쳐 산시사람들은 집단이주를 감행한다. 산시와 가까운 허난(河南)과 허베이(河北)는 물론

나에게 고향이 어디냐고 물으면,

산시 홍동대괴수라고 대답하네.

조상의 옛 집이 어디냐고 물으면,

대괴수 아래의 작은 새집이라고 말하네.

ⓒ baidu

이고 푸젠(福建)과 광둥(广東), 광시(广西) 자치구에 이르기까지 중국 전역으로 흩어졌다. 이때 산시를 떠나 중국 북방지역에 정착한 사람들의 족보와 비문 자료에서 당시 상황에 대한 기록을 찾아볼 수 있다. 이후 홍동대괴수는 고향을 떠난 산시사람들의 마음의 고향 같은 역할을 했다.

허난과 허베이, 산둥, 둥베이 등지에는 이런 민요가 전해 내려온다.

나에게 고향이 어디냐고 물으면,
산시 홍동대괴수라고 대답하네.
조상의 옛 집이 어디냐고 물으면,
대괴수 아래의 작은 새집이라고 말하네.

홍동대괴수는 탄광도시로 유명한 린펀(臨汾)시 홍동(洪洞)현 북쪽 약 2km에 위치해 있고, 산시의 보호문화재로 지정되어 국가급 4A 풍경구로 엄격하게 관리되고 있다. 오늘날 이곳을 찾는 관광객이 연간 200만 명에 이른다.

산시사람들의 도전정신을 설명하기 위해서는 '추커우'(出口) 풍습도 빼놓을 수 없다. 추커우의 '커우'(口)는 산시의 교통요충지인 장자커우(張家口)를 가리킨다. 즉, '장자커우를 나간다'라는 말은 산시를 떠나 다른 곳으로 가는 것을 의미한다. 산시 서북부지역의 청년들은 추커우하여 가까운 네이멍구(內蒙古)와 허베이(河北), 또는 더 먼 곳으로 떠났다. 추커우는 지리적 제약을 극복하고 살아남기 위한 산시사람들의 피할 수 없는 도전이었다.

쩌우시커우(走西口)!

서쪽으로 나가라! 두려워하지 말고 더 넓은 세상으로 거침없이 나가라! 이 말은 산시사람들의 개척정신을 담고 있다. 도시로 일자리를 찾아 떠난 농민공(農民工)의 전신이 바로 그들인 셈이다. 보수적이면서 고루하고 완고하면서도 때에 따라서는 창조적이고 두려움 없이 개척에 나서는 산시사람들의 이중적인 성격을 모순이라고만은 할 수 없는 이유가 여기에 있다.

산시가 수많은 영웅호걸을 배출해낼 수 있었던 것도 그와 같은 기질 덕분일 것이다. 무성인(武聖人)이라고 칭송받는 관우(關羽)부터 중국 역사상 유일한 여황제인 무측천(武測天), 대장군 설인귀(薛仁貴), 시인 왕발(王勃)과 왕유(王維), 《삼국지》의 나관중(羅貫中)과 《자치통감》(資治通鑑)을 남긴 사마광(司馬光). 이들은 모두 한 시대를 풍미한 산시 사람이었다.

주어진 자연환경이 운명을 만들기도 한다. 산시가 처한 독특한 지리적 환경은 산시사람만이 가질 수 있는 독특한 이미지와 성격을 만들어 냈다. 수천 년 중국역사를 통해 쌓인 산시와 산시사람에 대한 이미지가 하루아침에 달라질 수는 없다.

'타이위엔의 공자'(太原公子)라고도 불렸던 당 태종(唐 太宗) 이세민(李世民)은 功難成而易敗, 机難得而易失(공난성이이패, 기난득이이실)라고 말한 바 있다. '공격을 성공시키기는 어렵지만 실패하기는 쉽고, 기회를 얻기는 어렵지만 잃기는 쉽다'는 뜻이다. 이 말을 산시의 상황에 적용해 보면 어떨까. 과거 산시의 영광이 아무리 찬란했다고 하더라도 그 영광을 오늘날 되찾는 것은 쉽지 않다고 말하고 있는 것 같다. 낙후된 현실을 역전시키기 위한 공격을 성공시키고, 발전의 기회를 얻기 위해서는 앞으로 산시가 어떻게 해나가느냐에 달려 있다.

2 핑야오 고성

"핑야오 고성은 하늘 아래 최고입니다(平遙古城甲天下)."

세계문화유산 등재를 앞두고 실사에 나선 유네스코 평가단이 핑야오 고성을 직접 둘러보면서 연발한 감탄사다. 이들은 핑야오 고성에 대해 명청(明清)시대의 건축양식을 잘 보존하고 있을 뿐만 아니라 그 이후 여러 시대에 걸친 사회·경제·문화 및 종교적 발전사를 완벽하게 재현하고 있다는 평가를 내리고 세계문화유산으로 지정했다.

핑야오 고성은 중국 한족(漢族) 고유의 특성을 간직한 고성(古城)으로 산시사람들의 폐쇄성과 고집스러움을 자연스럽게 드러내주는 살아 있는 박물관으로 불린다.

핑야오에 도착하면 눈앞에 펼쳐지는 거대한 성벽의 위용이 고성에 도착했다는 사실을 가장 먼저 알려준다. 성곽은 '평지에 세워진 만리장성'이라고 해도 믿을 정도로 수 km에 걸쳐 뻗어 있었다. 산시에서도 오지에 속하는 핑야오에 위치한 고성은 성곽 속에서 수천 년의 역사를 온전히 보존하고 있었다. 특히 요순(堯舜)시대부터 중화인민공화국에 이르기까지 수천 년 동안 숱한 왕조의 흥망성쇠와 전란을 겪었지만 핑야오 고성은 파괴되지 않았다. 그 누구도 굳게 닫힌 성문을 부수고 이 성곽을 무너뜨리지 못했다.

핑야오 고성은 무려 2,700년의 역사를 지니고 있다. 성곽은 서주(西周) 선왕(宣王, 기원전 827~782) 시기부터 건축되기 시작했다고 한다. 지금 우리가 만날 수 있는 성곽은 그때 이후 끊임없이 보수하고 증축된 것으로 명나라 양식을 따르고 있다. 그러나 돌로 단단하게 쌓아올린 성곽과 달리 주거지역에 일부분이 남아 있는 흙으로 쌓아올린 토성(土城)의 흔적은 2천여 년 전의 그것이다.

성곽의 둘레는 총 6,163m, 성곽 안의 면적은 2.25㎢. 서울 여의도의 초기 면적과 비슷한 규모다. 고성 안의 주거지역을 꼼꼼하게 둘러보지 않고 성곽의 외부만 돌아보더라도 꼬박 하루가 걸린다. 성 안은 명청시대 그대로의 거리와 사원, 민가를 완벽하게 보전하고 있다. '중국 고성의 표본'으로 불리는 핑야오 고성의 안내책자에는 고성 내 거주인구가 수십만 명에 달한다고 적혀 있었다. 그러나 실제 성내에 거주하는 인구는 그에 훨씬 못 미칠 것으로 보였다. 고성의 내부 면적이 그 정도로 넓지는 않았다. 아마도 고성 바깥쪽에 형성된 핑야오시를 포함한 전체 인구를 가리키는 것 같았다.

세계문화유산으로 등재되기 전까지 핑야오 고성은 중국 변방의 한 이름 없는 시골마을에 지나지 않았다. 1986년 중국정부가 이곳을 '국가역사 문화문물'로 지정, 본격적인 관리에 나섰지만 그때까지 중국 정부의 문화재 관리에 특별한 것은 없었다. 무엇보다도 1966년부터 시작된 10년간의 문화대혁명의 광풍(狂風) 속에서도 고성이 파괴되지 않고 온전하게 살아남은 것이 기적이라면 기적이었다. 1997년 유네스코가 핑야오 고성을 세계문화유산으로 등재하면서 비로소 각광을 받기 시작한다.

유네스코가 핑야오 고성의 문화적 가치를 높게 평가한 이유는 다음과 같다.

티셔츠와 청바지 차림의 관광객까지도

자연스럽게 6백여 년 전 명나라의 한 여행객으로 변모시키는 곳,

핑야오 고성이다.

핑야오 고성은 중국 한족의 도시로 명청시대에 대한 뛰어난 문화유산이자 당시의 모든 특징을 보존하고 있다. 중국 역사에서 특별한 문화와 경제, 사회 및 종교 발전의 완벽한 장면을 펼쳐 보이고 있다.

핑야오 고성에 앞서 세계문화유산에 지정된 윈난(云南)의 리장 고성(麗江古城)이 중국 내 소수민족을 대표하는 문화유산이라고 한다면 핑야오 고성은 중국인구의 90% 이상을 차지하고 있는 한족문화를 대표하는, 형태가 온전하게 남아 있는 유일한 고성이다. 핑야오 고성이 차지하는 문화적 가치가 중요시되는 이유가 그것이다.

핑야오 고성은 타이위엔에서 서남쪽으로 70km 떨어져 있어 자동차로 1시간 정도면 도착한다. 고성으로 향하는 도중에는 장이머우(張藝謀) 감독의 영화 〈홍등〉(紅燈)의 무대인 교가대원(橋家大院)이 있고, 중국 전통 정원형태를 보여주는 진츠(晋祠)도 있다.

세계문화유산에 등재된 후 고성의 면모는 크게 달라지고 있다. 동서로 고성을 가로지르는 거리와 민가가 새롭게 단장됐고 어수선해 보이던 고성 외곽 풍경도 완전히 정비됐다. 고성은 산시를 대표하는 관광지로서 확고하게 자리를 잡았다.

세계문화유산에 지정되기 전까지의 핑야오의 한 해 관광수입은 18만 위안에 불과했다. 1998년 세계문화유산에 지정된 후 관광수입은 25배나 늘어 5백만 위안을 넘어섰다. 그로부터 10년이 지난 2008년 핑야오 고성의 관광객 수는 110만 명, 2010년 통계는 150만 명으로 관광사업의 규모가 기하급수적으로 늘어나고 있다.

핑야오 고성은 이제 중국을 대표하는 관광지로 자리매김했다. 맨 처음 핑야오 고성을 찾았던 2006년 무렵에는 전혀 개발이 되지 않아 마치 1950~1960년대로 되돌아간 듯한 느낌이었다. 특히 고성 안으로 들어서자 높은 성곽이 외부와의 단절을 실감케 했고, 마치 타임머신을 타고 수

백 년 전 명청시대로 돌아가 그때의 거리를 걷고 있다는 느낌을 받았다.

지금도 핑야오 고성으로 떠나는 여행은 과거로 가는 시간여행이다. 관광지 입구마다 있기 마련인 매표소가 없다. 고성으로 통하는 입구는 새벽이면 열렸다가 저녁이면 닫힌다. 낮에는 활짝 열려 있어 자유롭게 드나들 수 있던 고성의 서문(西門) 펑이먼(風儀門)은 저녁 8시면 닫힌다. 문이 닫힌 후 고성 안은 왁자지껄한 현실세계로부터의 소음이 차단되고 적막이 마음껏 그 해방을 누린다. 타임 슬립을 통과한 듯 전혀 다른 분위기를 내뿜는 저녁의 고성 안 풍경은 타지에서 온 이방인에게 가벼운 긴장감마저 안겨준다.

지금껏 한 번도 파괴되지 않은 거대한 성벽과 육중한 성문이 현실세계와 과거를 분리하는 경계선이자 동시에 둘을 이어주는 통로 역할을 하고 있는 셈이다.

처음 느낀 어리둥절함과 단절감은 시선 가는 대로 발길 가는 대로 고성 안을 천천히 걷기 시작하면 어느 순간 사라지고, 현실로 되돌아가고 싶다는 생각 따위도 금세 사라진다. 티셔츠와 청바지 차림의 관광객까지도 자연스럽게 6백여 년 전 명나라의 한 여행객으로 변모시키는 곳이 바로 이곳 핑야오 고성이다.

동서로 쭉 뻗은 둥시다지에(東西大街)는 핑야오 고성에서 가장 번화한 중심거리다. 옛 모습 그대로를 재현한 상가다. 이곳을 중심으로 천천히 고성의 중앙을 향해 걸어들어 가면 굳이 고성지도를 꺼내 들 필요는 없다. 좌우로 늘어선 상점에서는 핑야오 고성 특산품인 핑야오 뉴로우(平遙牛肉, 핑야오산 쇠고기 육포)나 골동품과 마오쩌둥 시대를 회상할 수 있는 기념품을 판다. 또한 산시 특색을 맛볼 수 있는 다오샤오미엔을 즉석에서 만드는 장면을 볼 수도 있다.

'회통천하'(匯通天下, 널리 천하에 통용되게 하라)라는 편액이 내걸린 고가(古家)는 눈여겨볼 필요가 있다. 이곳은 근대 은행의 전신이자 중

핑야오가 고성의 면모를 잃어버리지 않을 수 있는 것은

때 묻지 않은 산시사람들이 있기 때문이다.

국 최초의 표호(票號), '르성창'(日昇昌)이다. 지금은 '표호박물관'이라는 간판이 내걸린 이 르성창을 둘러보면 현대금융업의 역사를 되짚어 볼 수 있다. 진상(晋商)들이 표호를 설립해서 중국의 돈줄을 장악한 과정은 드라마틱하다. 이곳을 찾아오는 중국인들 역시 대륙의 돈줄을 거머쥐고 한 시대를 풍미했던 진상처럼 부자가 되겠다는 꿈을 꾼다.

르성창을 지나 곧바로 만나는 갈림길에서 오른쪽으로 접어들면 난다지에(南大街)가 나온다. 난다지에로 들어서자마자 높이 솟은 누각이 눈에 들어온다. 이곳은 핑야오 고성에서 가장 높은 '스로우'(市樓)다. 이 스로우에 오르면 핑야오 고성 전체가 한눈에 들어온다. 지금은 일종의 전망대 역할을 한다. 핑야오 고성에 갈 때마다 나는 이 스로우에 올라 한참 동안 사람들이 오가는 고성의 한나절을 지켜보곤 한다. 그러면 신기하게도 화려했던 고성의 옛 영화(榮華)가 파노라마처럼 눈앞에 떠오른다. 스로우를 중심으로 옛 관아였던 핑야오 현아(平遙縣衙)와 문묘(文廟), 무묘(武廟)가 각각 좌우에 자리 잡았다. 성황묘(城隍廟)와 도교, 불교 사원 등 각종 사원들도 고성 곳곳에 옛 건축양식 그대로 보존돼 있다. 심지어 19세기에 들어온 교회도 있다. 또 지금은 문을 닫은 소학교와 중학교도 만나게 된다.

고성의 서쪽 주거지역에 있는 소학교는 고성에 거주하는 사람들이 줄어든 데다 고성 바깥에 현대식 소학교가 세워지면서 문을 닫았다. 폐교가 된 학교건물에 들어서자 교실과 교무실로 쓰였던 실내가 그대로 보였다. 학생들이 그린 그림일기와 포스터가 게시판에 그대로 붙어 있고, 불과 며칠 전까지 학생들이 공부했음 직한 흔적들이 고스란히 남아 있었다. 창문 안으로 들여다보이는 교실 벽에는 빛바랜 마오쩌둥의 초상화가 걸린 채 아이들을 내려다보는 듯했다. 마오 주석의 흔적과 곳곳에 내걸린 붉은 구호는 낡은 고성의 모습과 어울리지 않는 듯했지만 묘한 조화가 느껴지는 것도 같았다. 고성 역시 '마오의 땅' 신중국이었다.

핑야오 고성은 바깥세상과 단절된 하나의 완벽한 공동체였다. 고성에서는 과거와 현재가 공존한다. 삶과 죽음도 한 공간에 함께 존재하고 있었다. 운이 좋다면 고성에서 치러지는 전통 결혼식과 장례식을 볼 수도 있다.

느릿느릿 걸어서 6백여 년 전 명나라로 빠져 들어갈 수도 있지만 자전거를 타고 고성여행을 하는 방법도 있다. 고성 곳곳에서 자전거 대여점을 발견할 수 있다. 10위안 정도면 하루 종일 자전거를 빌려서 골목을 누빌 수 있다. 자전거에 모터를 단 전기자전거도 대여한다.

이곳저곳 골목을 누비다 보면 당나귀가 끄는 분뇨수거 수레도, 김이 무럭무럭 나는 두부를 실은 수레를 끌고 다니는 두부장수 아저씨도 만날 수 있다. 반쯤 열린 어느 민가의 창문이나 활짝 열린 대문 안을 들여다보면 빨랫줄에 걸린 낡은 셔츠와 속옷이 보이기도 한다. 시대를 초월한 삶의 다양성은 상상력을 한껏 자극한다.

핑야오 고성이 줄 수 있는 시간여행의 묘미는 다양하다. 고성을 걷다 출출해지면 식당을 찾아 나서거나 요깃거리를 걱정할 필요가 없다. 특색 있는 간식거리를 즉석에서 만들어 파는 노점이나 식당이 골목 곳곳에 자리 잡고 있기 때문이다. 단팥을 넣은 만두나 야채를 넣고 쌀 전병으로 감싼 핑야오 특유의 만터우(饅頭), 산시에서만 맛볼 수 있는 고양이귀 볶음면 차오마오얼둬(炒猫耳朵), 닭고기를 잘게 찢어 무친 자오화즈지(叫花子鷄), 미엔피(麵皮)와 량펀(凉粉), 돌에 구운 스터우빙(石餠) 등.

어딘가에서 구성진 노랫가락이 들려왔다. 맛있는 냄새도 함께 몰려왔다. 명나라 복장을 한 사람이 스터우빙을 구우며 노래를 부르고 있었다. 귀를 기울여 무슨 뜻인가 들어보니 대략 '핑야오 사람들은 평화를 사랑한다…'는 내용쯤으로 들렸다. 구성진 그의 노랫소리는 가던 발걸음을 붙잡고 그곳에 멈춰 서서 귀를 기울이게 했다.

구성진 노랫가락, 맛있는 냄새에 홀리듯 시선을 옮기면
명나라 스터우빙 장수 아저씨를 만나게 된다.

핑야오 사람들은 부지런하고 지혜로워요. 핑야오 사람들은 평화를 사랑하고 강남으로 가고 강북으로 가고 또 바다를 건넜어요. 핑야오 고성은 세계문화유산입니다. 핑야오 사람들은 중국에서 가장 부지런하고 지혜로운 사람들이에요. 중국 전역에 핑야오의 표호가 세워져 있지 않나요. 나는 이 핑야오를 사랑해요.

그는 노래 한 곡을 신명나게 불러 지나던 관광객들의 시선을 사로잡은 뒤 스터우빙을 맛보게 했다. 장사 수완이 썩 훌륭하다. 그의 노래실력을 칭찬하며 다가가 말을 붙였다. 방금 부른 노래가 전해 내려오는 이곳의 민요냐는 나의 질문에 예상 밖의 대답을 한다. 그 노래와 가사는 자신이 직접 만든 것으로, 명나라 복장을 하고 이곳에서 스터우빙 장사를 하게 되면서 관광객들의 눈길을 모으기 위해 부르기 시작했다고 한다.

핑야오 고성이 세계문화유산으로 등재된 후 '살아 있는 고성'으로 각광받게 되자 이곳에서 대대로 살면서 농사를 짓던 주민들이 자신의 집을 상가로 개조하거나 노점을 차려 관광객들을 상대로 장사를 하기 시작했다. 그들은 핑야오에서 오랜 세월 살아온 사람들의 후손이다. 고성을 관리하는 당국이 핑야오 주민들에게만 장사를 할 수 있도록 했기 때문이다. 그래서 핑야오 고성의 골목에서 만나는 사람들은 순수한 핑야오 사람들이다. 앞으로 핑야오 고성이 세계문화유산으로 명성을 날리더라도 핑야오가 고성의 면모를 잃어버리지 않을 수 있는 것은 아직은 바깥세상과 단절된 채 때 묻지 않은 산시사람들이 있기 때문이다.

3 핑야오의 인생역전

세계문화유산에 등재된 산시의 자랑, 핑야오 고성에 도착했다. 사실 핑야오 고성은 꽤 넓고, 하루 이틀 걸어 다녀서는 제대로 둘러보기가 쉽지 않다. 고성에 도착한 나는 지도를 펴들었다. 제대로 보려면 최소 이틀은 꼼꼼하게 다녀야 한다는 정보를 들었기 때문에 서두를 필요가 없었다.

　그러나 고성 안으로 한 발 들여놓으니 새로운 세계에 도착했다는 생각이 앞서면서 마음이 급해졌다. 늦은 오후였지만 서둘러 성의 면모를 확인하고 싶어진 것이다. 이미 성벽 위에 해가 걸렸다. 서둘러야 했다. 자동차와 삼륜차, 마차가 관광객들을 잔뜩 태우고 뒤섞여 이리저리 움직이는 풍경은 무질서하고 낯설었다. 이대로 걷다가는 얼마 가지 못해 어두워질 것만 같았다.

　그때 성문 입구 쪽에 몰려 있던 한 무리의 전동차와 삼륜 관람차 기사들이 우리를 향해 다가왔다. 한국의 놀이공원에서 볼 수 있는 작은 크기의 전동차는 핑야오 고성 골목을 누비는 데 적합해 보였다. 폭이 좁아 좁은 골목길을 이리저리 다닐 수 있을 뿐만 아니라 유일하게 이곳 고성 내에서 관광객들을 태울 수 있도록 허가된 교통수단이었다.

그러나 처음에는 고성여행을 하는데 전동차를 타고 다니는 것이 어딘가 어색하게 느껴졌다. 오래된 핑야오 고성과 현대의 전동차라니, 어울리지 않는다고도 생각했다. 아마도 이 같은 전동차를 통한 고성관람은 중국이기에 가능한 시스템일지도 모른다는 생각이 들었다. 우리가 전동차에 별다른 관심을 보이지 않자 흥정이 들어왔다. 처음에 100위안을 요구하던 그들은 조금씩 가격을 낮춰 불렀다. 그들의 흥정을 못 본 체하고는 계속 고성 안쪽으로 걸었다. 그들은 끈질겼다. 전동차들은 나를 따라오면서 계속 가격을 외쳐대고 있었다. 과거로의 시간여행을 상상하며 핑야오 고성 속으로 걸어 들어가고 싶었던 나는 이런 식의 호객행위에 짜증이 났다. 걸음을 재촉했다. 그제야 그들은 포기하고 더 이상 쫓아오지 않았다.

그들에게서 벗어나자 눈앞에는 정말이지 대작 역사드라마의 세트장을 그대로 옮겨놓은 듯 번화한 상가가 길게 펼쳐졌다. 세트장이 아니라 수천 년의 삶을 이어 온 산시 라오바이싱(老百姓)의 터전이다. 고성은 과거와 현재, 미래를 살아가는 라오바이싱의 것이다. 상가의 작은 식당에서는 펄펄 끓는 육수에 밀가루반죽을 칼로 깎아내는 다오샤오미엔을 삶고 있었고, 갓 만들어낸 두부를 싣고 다니는 두부장수의 방울소리가 골목길에서 흘러나왔다. 타임머신을 타고 버튼을 눌렀더니 수백 년 전의 고성에 뚝 떨어진 듯한 느낌이었다.

한참을 걸었지만 골목은 끝이 없어 보였다. 고성 전체를 걸어서 다닌다는 것은 무리일 것이라는 생각이 스쳤다. 고성의 전체 윤곽도 파악하지 못한 상태에서 무작정 대로를 향해 걸어 다닌 탓에 다리가 욱신거려오기 시작했다. 어디까지 온 것인지도 알 수 없었다. 골목을 따라 발길 닿는 대로 움직이다 보니 방향감각도 상실했다. 곳곳에서 눈에 띄던 삼륜차 행렬도 관광객들의 모습도 잘 보이지 않는 민가 깊숙이 들어선 것이다. 하지만 어느새 전동차 기사들의 모습이 보이지 않은 지 오래다.

골목 한쪽 끝으로 높은 누각의 끝이 보이는데 누군가와 눈이 마주쳤다. 한적한 성벽 아래 전기자동차를 세워두고 있던 그가 물끄러미 나를 보고 있다가 말을 건넸다.

"차에 타세요. 20위안이면 됩니다."

그가 제시하는 가격은 파격적이었다. 1시간 전 입구에서 만난 전동차 기사들이 100위안을 제시하면서 흥정한 것에 비하면 터무니없이 싼 가격이었다. 다리도 아팠고 피곤했기 때문에 더 이상의 실랑이 없이 무작정 전동차에 올랐다.

나를 태운 기사아저씨는 고성 내에 산재한 수많은 관광명소 중에서 꼭 가봐야 할 곳을 설명하고는 내가 원하는 곳으로 갔다. 물론 입장권은 따로 끊어야 했다. 그는 우리가 관람을 마치고 나올 때까지 기다렸다가 다음 관광명소까지 안내했고 그곳에 대해 간략하게 설명해주는 등 가이드 역할까지 자청했다.

핑야오 고성 토박이인 왕얼뉴(王二牛). 그가 전동차로 관광객들을 상대로 돈을 벌기 시작한 지는 10년이 조금 넘었다. 그 역시 핑야오 고성이 세계문화유산으로 등재되기 전에는 벽돌공장에서 일하던 노동자였다. 그러다가 특산품을 파는 국영가게의 판매원으로 일하며 돈을 모아 전동차를 직접 구입, 이제는 스스로 영업에 나섰다는 것이다.

"관광객이 몰려들고 그들을 통해 돈이 뿌려지기 시작하자 많은 사람들이 직업을 바꾸기 시작했어요. 직접 관광객을 상대하는 일에 뛰어들기 시작한 것이죠. 나도 그들처럼 더 많은 돈을 벌기 위해 판매원 노릇을 그만두고 이 일을 하기 시작했죠."

이처럼 변화에 민감했던 몇몇 핑야오 사람들은 핑야오 고성의 세계문화유산 등재 덕을 톡톡히 보았다.

왕 선생의 안내를 받아 르성창(日昇昌)을 비롯한 몇몇 명소를 둘러보다가 고성 남문인 잉쉰먼(迎薰門) 근처 성황묘에 이르렀다. 그곳에서는 나귀를 끄는 한 남자 앞에 관광객들이 몰려들어 시끌벅적한 풍경을 만들어내고 있었다. 청나라 마부 복장을 갖춰 입고 나귀와 함께 관광객들을 상대하는 그는 이곳에서 '나귀아저씨'로 통한다고. 나귀에 관광객을 태운 그는 나귀를 몰고 성황묘 앞을 돌면서 노래를 한 곡조 부르면서 춤추고 있었다. 타고난 끼와 쇼맨십을 갖춘 그가 나귀를 몰면서 신바람나게 민요를 부르자 관광객들은 열광했다. 왕 선생에게 누구인지 아느냐고 물었다.

"저의 고종사촌입니다. 원래는 석탄을 실어 나르던 마부였는데 이곳에 관광객이 몰려들자 재빠르게 직업을 바꿨어요. 유명세를 탄 뒤로는 아주 잘나가고 있죠. 얼마 전엔 외국 방송국에서도 나와 그를 취재해 갔는걸요."

펑야오 고성에 사는 주민들이 세계문화유산 등재 이후의 변화를 감지하지 못하고 있는 사이 나귀아저씨는 누구보다 발 빠르게 움직였다. 고성에 걸맞은 청나라 문화를 재현하는 '문화 아이콘'으로 자리 잡은 것이다. 마부일 때보다 수입도 훨씬 늘었을 것이라고 왕 선생은 덧붙였다.

왕 선생과 나귀아저씨에 대해 이야기하다 보니 어느새 성황묘 앞 잉쉰먼 성벽 위에 도착했다. 그곳에서는 청나라 시절을 재현해 꽃가마 영업을 하고 있는 리사오솬(李少栓)을 만날 수 있었다. 그는 세계문화유산 등재 이전부터 성벽 위에서 청나라 마차꾼 복장을 하고 사진을 함께 찍어주는 일을 해왔다고 한다.

"세상이 많이 바뀌었지만 여길 찾아오는 사람들은 모두 똑같아. 펑야오에서 아름다운 옛 고성의 모습을 찾으려고 하지. 나는 그들이 보고 싶어 하는 그 시절을 보여주고 싶어."

리사오솬 역시 농민이었다. 환갑을 넘긴 그는 관광객들이 가마를 타면 어떤 사진을 원하는지 알고 있다. 그래서 따로 어떤 요구를 하기도

청나라 마부 복장을 갖춰 입고 나귀와 함께 관광객들을 상대하는 그는
이곳에서 '나귀아저씨'로 통한다.

전에 그가 스스로 포즈를 취한다. 한여름 강한 햇살이 내리쬐는 날이나 눈 내리는 한겨울에나 그는 청나라풍의 양산을 들고 있다가 자신의 고객인 관광객에게 포즈를 취하도록 하고 사진을 찍어준다.

리사오촨과 기념사진을 한 장 찍고는 문화재로 지정된 어느 고가로 향했다. 입장권을 직접 끊는 대신 왕 선생에게 입장료를 건넸다. 가이드 역할을 하고 있는 그에게 입장권 구매를 부탁한 것이다. 우리가 고가 관람을 마치고 나올 때까지 그는 입구에서 기다리고 있었다. 왕 선생의 전동차를 타고 다시 돌아 나오는 순간, 공안(公安) 표식을 단 전동차가 앞을 가로막았다. 우리는 깜짝 놀랐다. 고성 내 치안을 담당하는 경찰이었다. 왕 선생은 별다른 동요 없이 앞쪽의 경찰을 바라보더니 전동차를 후진시켰다. 후진해서 도망가려는 듯했다. 뒤쪽으로도 경찰의 전동차가 막아섰다. 마치 범죄현장에서 현행범을 체포하는 듯한 분위기였다. 사실이었다. 내가 잘못한 것이 무엇인지, 순간 떠올려봤지만 아무것도 없었다. 경찰은 나를 체포하는 것이 아니었다.

조금 전 입장료가 문제였다. 입장권을 직접 끊지 않고 그에게 입장료를 건넨 것이 잘못이라는 생각이 들었다. 우리는 입장권을 받지 않았는데도 고가에 들어가서 관람을 할 수 있었다. 그게 화근이었던 모양이었다. 당황한 나에게 공안은 자신들의 전동차에 옮겨 타라고 요구했다. 나도 왕 선생과 함께 조사받아야 할지도 모른다는 생각이 들었지만 공안은 왕 선생이 법을 위반했다는 사실을 설명해주고는 어디서 승차한 것인지 물었다. 그리고는 친절하게도 성문 입구까지 바래다줬다.

그제야 나는 왕 선생의 정체를 파악할 수 있었다. 그는 고성관리사무소의 허가를 받지 않고 전동차 영업을 하는 '헤이처'(黑車, 불법영업차) 기사였다. 뒤늦게 안 사실이지만 고성 내에서 관광객을 태울 수 있는 전동차는 몇 천 위안의 보증금을 내고 허가를 받아야 했다. 그가 저지른 더 큰 일은 고가의 관리인과 짜고 입장권을 끊지 않은 채 관광객을 관람시키고 입장료 수입을 나눠가진 것이다. 고성관리당국이 엄하게 금지하는 불법행위였다.

공안에 체포돼 끌려가던 그는 뒤돌아서서 "걱정하지 마세요. 끝까지 당신들을 안내해주지 못해서 미안합니다"라는 말을 남겼다. 무엇보다 왕 선생에게 전동차 요금 20위안을 건네주지 못한 것이 마음에 걸렸다. 왕 선생은 관광객을 상대로 불법영업을 하다가 체포된 현행범으로 5백 위안의 벌금을 물어야 했다. 다음 날 다시 고성에 들어가 다른 전동차 기사들에게 그의 행방을 수소문했지만 그의 흔적은 찾을 수 없었다.

다음해 한국과 중국, 일본, 3국의 고성에 대한 기획취재 중에 다시 핑야오를 방문했다. 공안에 잡혀가던 그의 뒷모습이 생각나서 왕 선생을 찾아다녔지만 전동차를 몰던 그를 만날 수 없었다.

기회는 또 있었다. 2010년 여름, EBS〈세계테마기행〉산시편 촬영을 위해 핑야오 고성에 가게 된 것이다. 이번에는 그때 받은 메모를 가져가서 전화를 했다. 몇 년 만이었지만 수화기 너머로 들려온 목소리는 낯설지 않았다. 산시사투리가 배어 있는 틀림없는 그였다.

"몇 년 전에 전동차를 탔던 한국사람입니다. 그때 공안에 잡히지 않았습니까? 기억하시겠어요?"

"그럼요~ 기억하고말고요."

그는 또렷하게 나를 기억해냈다. 반가웠다. 수많은 관광객들을 상대했겠지만 몇 년 전 스치듯이 지나간 인연을 기억해준다는 것이 감격스러웠다. 나는 그에게서 공안에 잡혀간 후 어떻게 되었는지 묻고 싶었고, 그때 훌륭한 가이드 역할을 해준 그에게 지불하지 못한 20위안, 그리고 마음을 담은 작은 선물을 주고 싶었다.

왕 선생은 곧바로 내가 여장을 푼 고성 안의 커잔(客棧, 숙박시설)으로 찾아왔다. 검게 그을린 피부는 여전히 그가 밖에서 일을 하고 있다는 사실을 증명하는 듯했다. 우리는 마치 '십년지기'처럼 굳게 악수를

핑야오 고성이 세계문화유산으로 각광을 받으면서
수많은 핑야오 사람들의 삶이 변하고 있었다.

하고 차를 나눠 마시면서 그동안의 변화된 생활에 대해 이야기를 나눴다. 다음날 오후 왕 선생의 전동차를 타고 고성을 둘러보면서 촬영을 하고 저녁에는 집에서 식사를 대접하겠다는 초대까지 받았다.

날이 밝았다. 왕 선생과 연락이 되지 않았다. 몇 차례 전화를 했지만 전원이 꺼져 있다는 기계음만 반복적으로 흘러나왔다. 어떻게 된 일일까? 밤사이 무슨 일이라도 벌어진 것일까? 걱정이 앞섰다. 전날 만난 왕 선생은 예전과 달리 이제는 허가를 받아서 합법적으로 전동차를 몰고 있다고 말했다. 여전히 그때와 다름없이 불법적으로 영업하는 헤이처 신세를 벗어나지 못한 것이 아닐까 하는 의심이 들었다.

고성을 떠나기 전에 겨우 연락이 닿은 왕 선생은 파출소에 잡혀 있는 바람에 연락을 할 수 없었다며 미안해했다. 그는 여전히 합법과 탈법 사이를 오가고 있었던 것이다.

취재를 마치고 돌아오는 길, 몇 년 전 만났던 나귀아저씨를 다시 마주치게 되었다. 그는 요즘 들어 수입이 예전만 못하다고 하소연했다. 핑야오 고성이 산시 대표관광지가 되면서 성 정부와 핑야오 시가 대대적인 개발에 나섰고, 그러자 고성이 주는 고즈넉함을 잃어버리게 된 것이다. 호기심에 나귀를 타고 사진을 찍는 관광객의 수가 예전보다 감소했고 그동안 돈을 많이 번 나귀아저씨는 예전의 순수했던 모습을 잃은 것 같았다. 그래서일까, 다시 만난 그의 눈빛에서 나는 욕심을 발견한 것 같았고, 노랫가락에서는 이전의 흥을 찾을 수 없었다.

핑야오 고성이 세계문화유산으로 각광을 받으면서 왕 선생과 리샤오샨 같은 수많은 핑야오 사람들의 삶이 변하고 있었다.

4 제비의 꿈

평야오 고성이 선사하는 색다른 즐거움은 고성 내의 고가(古家)를 개조한 호텔인 커잔(客棧)에서 머물 수 있다는 것이다. 평야오 고성의 오래된 민가(古民家)들도 베이징(北京) 등 화베이(華北)지방의 전통가옥 형태인 쓰허위엔(四合院)처럼 'ㅁ'자 형태이다. 커잔은 이런 고민가를 숙박시설로 개조한 것으로 평야오 고성에서 살고 있는 라오바이싱(老百姓)들의 생활을 간접적으로나마 체험할 수 있는 기회를 제공한다는 점에서 최근 들어 인기를 끌고 있다. 특히 몇몇 고성 내 커잔은 5성급 시설을 갖추고 있어 이곳을 찾는 외국인들이 성 밖에 새로 지은 호텔보다 선호하는 숙박시설이다.

세계문화유산인 평야오 고성에는 현대식 건물을 지을 수 없다. 그래서 성안에 현대식 시설을 갖춘 호텔은 없다. 지금 고성 내에 남아 있는 현대식 건물이라고는 고성의 오른쪽 구석에 자리 잡은 교도소뿐이다. 이 교도소 건물은 그리 높지 않고 높은 담장까지 두르고 있어 바깥에서는 보이지 않는다. 평야오 시 정부는 고성보전계획에 따라 이 교도소 건물을 조만간 철거하겠다는 입장을 밝혔다. 수천 년의 역사를 간직한 고성에 현대식 교

옌즈는 자신의 이름같이 제비가 되어
핑야오 고성의 높은 성벽을 넘어 훨훨 날아가고 싶다.

도소를 그대로 두는 것이 어울리지 않는다는 여론에 따른 것이다.

스무 살의 앳된 종업원 '런옌즈'(任燕子)를 만난 것은 고성 내 어느 식당에서였다. 내가 묵는 곳의 맞은편에 위치한 톈위안쿠이(天元奎) 커잔이 운영하는 곳으로 핑야오 고성의 특색 있는 음식을 팔기로 유명하다. 주문을 받으러 온 소녀 옌즈는 해맑은 미소를 띤 채 중국어와 유창한 영어를 함께 구사했다. 산시 특색의 궈유러우(過油肉) 등의 요리를 추천한 그녀는 당찼다. 저녁 식사를 주문받으면서 옌즈는 '제비'(燕子)라는 이름에 걸맞게 끊임없이 재잘거렸다.

옌즈에게선 관광지의 상인이라면 마땅히 부릴 법한 상술을 찾아볼 수 없었다. 값과 상관없이 정말 맛있는 요리를 추천하는 천진한 모습에 나는 호기심이 동했다.

식당종업원으로 일한 지 올해로 4년째. 그녀는 중학교를 졸업하자마자 이곳에서 일하기 시작했다. 800위안(한화 약 15만 원)의 월급을 받는 그녀는 부지런하고 서글서글한 성격과 유창한 영어실력 덕에 매달 1,200위안을 받을 정도로 자리를 잡았다. 그녀의 목표는 1,600위안의 월급을 받는 고참 직원을 따라잡는 것이다.

"엄마는 그냥 핑야오에서 조용하게 살다가 좋은 남자 만나 결혼하는 게 최고래요. 하지만 핑야오에는 좋은 남자가 없어요. 이곳 남자들은 일을 하지 않아요. 하루 종일 모여서 게임만 해요. 그들에게는 꿈이 없어요. 난 안정적인 직장이 있는 남자를 만나고 싶거든요. 하지만 핑야오에는 취직할 곳이 없어요. 그래서 대부분의 남자들이 일은 하지 않고 빈둥거리면서 해가 질 때까지 마작을 하는 데만 열중하고 있지요."

물론 그녀도 좋은 남자를 만날 수만 있다면 이곳에서 평생 살아갈 생각도 있다. 엄마의 기대에 따라 좋은 핑야오 남자를 만나 결혼을 하고 아이를 낳아 평생 핑야오에서 사는 일이 그리 나쁘지는 않다고 생각한다. 그러나 사실 관광가이드를 하거나 특산품을 파는 가게나 호텔 등에

옌즈가 일하는 식당은 톈위안쿠이 (天元奎) 커잔이 운영하는 곳으로
핑야오 고성의 특색 있는 음식을 팔기로 유명하다.

서 일하는 것 외에는 안정적인 직장이 없는 이곳에서 많은 핑야오의 청년들은 날마다 게임방에 가서 시간을 죽이거나 모여앉아 마작이나 할 뿐이었다. 이런 남자들이 옌즈의 눈에 들어올 리 없었다.

그녀의 꿈은 정말이지 소박했다. 좋은 남자를 만나 이 지긋지긋한 고성을 떠나는 것이다. 옌즈는 태어난 후로 핑야오를 떠나본 적이 한 번도 없다. 핑야오 고성에서 10km 정도 떨어진 곳에 있는 천년고찰 쐉린쓰(双林寺)로 소풍을 간 것이 그나마 그녀가 가장 멀리 가본 곳이다. 엄마는 늘 그녀에게 "바깥에 나가면 위험하다"며 성 밖 세상에 대한 두려움을 심어줬다.

옌즈는 자신의 이름같이 제비가 되어 성벽이라는 경계를 넘어 훨훨 날아가고 싶어 한다. 고성을 찾아 온 외지인과 외국인은 그녀에게 성 밖의 세상이 얼마나 넓고 얼마나 경이로운지 날마다 이야기한다. 수백 년의 세월을 한 곳에서 대를 이어 살아간다는 것은 쉽지 않은 일이다. 자신이 살고 있는 고성을 떠나본 적이 없는 스무 살 그녀가 이곳을 떠나는 꿈을 꾸는 것은 어쩌면 당연한 일인지도 모른다. 낯선 곳, 새로운 세상에 대한 동경이 없다는 것이 오히려 이상한 일이다.

요즘 그녀는 케이크 만드는 법을 배우고 있다. 제빵사 자격증을 딴다면 베이징이나 상하이, 혹은 타이위엔에 가는 날이 더 앞당겨질 수 있다는 것을 알기 때문이다. 그녀는 스스로 날아갈 준비를 하고 있는 셈이다.

다음에 핑야오 고성을 찾아갔을 때 아마 그곳에서 그녀를 다시 볼 수 없을지도 모르겠다. 그녀는 봄이 오면 다른 곳에 가서 새로운 꿈을 꾸고 싶다고 말했다. 지금껏 고성을 세상의 전부로 알고 살아온 그녀는 고성에서 평생을 살아간다는 일이 젊은 자신에게 얼마나 끔찍하다는 것인지를 깨달은 듯 보였다.

고성을 떠나는 것, 그것이 최고의 선택임을 옌즈는 누구보다 잘 알고 있다.

핑야오 고성에 있는 '르성창'(日升昌)은 중국 최초의 표호로, 중국 금융
업의 역사가 시작된 곳이며 세계 금융사를 논할 때도 기념비적인 위치
를 차지한다.

처음 핑야오에 갔을 때 나는 이러한 사실을 몰랐고, 고성 내 시다제
(西大街)의 북쪽에 위치한 르성창을 알아보지 못했다. 다른 건물들과
비교해 두드러진 구석이라곤 하나도 없어 수많은 고가(古家) 중 하나로
보아 넘겼다. 게다가 '중국 표호박물관'이라는 간판만 걸려 있을 뿐, 은
행 하면 으레 떠오르기 마련인 으리으리한 외관과도 거리가 멀었기 때
문이다.

사실, 세계문화유산으로 지정되기 전부터 핑야오 고성은 이미 중국
의 '월가'로 불리면서 금융제국을 건설한 중국 금융산업의 본산(本山)이
었다. 그러나 수도 베이징이나 경제중심도시 상하이 같은 대도시가 아
니라 중국 서북부에 위치한 산시의 한 시골마을이 어떻게 19세기 중반
중국 경제를 좌우하던 금융산업의 발상지가 될 수 있었던 것일까?

현대 금융업의 전신은 사실 고리대자본이다. 표호가 출현하기 이전

의 금융거래는 대부분 급전이 필요한 사람들에게 고리대자금을 빌려주는 형식으로 이루어졌다. 상인, 특히 산시상인들의 자본을 바탕으로 전당(典當)이나 전국(典局), 단기간에 급전을 유통시키는 인국(印局) 등을 이용했고, 이는 은(銀) 본위시대에 은자를 매개로 자금을 중개하는 원시적 형태의 금융업의 주축을 이뤘다.

당시 상인들은 은자 수송에 골머리를 앓았다. 청나라 말기에 이르자 각지에서 농민봉기가 빈발하는 등 사회가 점차 혼란해졌고 치안은 더욱 불안해졌다. 상인들은 은자 수송을 무사들의 호위를 받는 표국(票局)에 맡기기도 했지만 더 믿을 만한 곳이 있었으니, 그곳이 바로 르성창의 전신, '시위청'(西裕成)이다.

시위청은 당시 핑야오에서 가장 오래된 염료상회로, 베이징 등 몇 군데 지역에 지점을 갖고 있었다. 산시의 견직물과 면직물 산업 발전에 힘입어 염료업도 날로 발전하고 있던 때라 가능한 일이었다. 따라서 지점과 본점 사이에 은자를 수송하는 일이 잦았다. 이 사실을 알고 있던 상인들이 시위청에 은자를 고향까지 수송해 줄 것을 부탁했다.

시위청의 주인은 리다취엔(李大全)은 대범한 성품의 소유자로, 사람 좋기로 유명했고 남을 돕는 일에는 발 벗고 나섰다. 그는 동향 상인들의 부탁을 거절할 수 없어 상인들의 은자 수송을 돕기로 했다. 그는 은자를 받아 환어음을 끊어주고 해당지역의 지점에서 찾을 수 있도록 배려했다.

이것을 기회로 포착한 사람은 시위청의 총지배인 레이뤼타이(雷履泰)였다. 스무 살도 안 된 어린 나이에 시위청의 점원으로 취직한 그는 40대 후반에 총지배인의 위치에 오를 만큼 리다취엔의 신임을 얻었다. 시위청이 르성창으로 전업을 하게 된 것은 돈의 흐름을 누구보다 앞서서 파악한 레이뤼타이의 판단이 결정적이었다. 오늘날에도 르성창 입구에 들어서면 오른쪽 방에서 레이뤼타이의 흉상을 볼 수 있다.

중국 최초의 표호, 르성창(日升昌).

1823년, 리다춰엔과 레이뤄타이의 치밀한 계획 아래 시위청은 중국 최초의 표호 르성창으로 재탄생하게 된다. 표호가 개업하기 위해서는 전국을 잇는 신용과 거대한 자본, 그리고 인재라는 삼박자가 필요했는데, 이 모든 것을 갖췄던 것이다.

　　산시 최대의 염료상회인 시위청에 대한 신용은 순전히 민간에 의한 자발적인 것이었다. 상인들은 시위청을 믿고 막대한 은자를 맡기고 환어음을 받아 통용시켰고, 진상의 신뢰를 바탕으로 자본을 확대해갔다. 신용은 표호의 생명과 다름없었다. 수백 년 동안 쌓아온 '의로써 이를 제약한다'(以義制利)는 진상의 신용이 표호의 성공을 가늠하는 기반이 된 셈이다. 또한 진상은 이미 대량의 상업자본을 전당업에 투자한 바 있었고 상업의 발전은 근대 금융업의 전신격인 표호의 출현으로 자연스럽게 이어졌다.

　　초기에는 대출보다는 환어음 유통이 표호의 주 업무였다. 큰 이윤보다는 은자 수송에 따른 위험을 줄이는 일이 시급했기 때문이다. 표호가 발행한 환어음이 전국에 통용되면서 상인들은 직접 은자를 갖고 다닐 필요가 없어졌다. 베이징에서 표호에 은자를 맡기면 표호는 환어음 한 장을 끊어준다. 그 환어음을 이를테면 광둥에 있는 수취인에게 보내면 그 환어음으로 현지 표호에서 은자를 찾을 수 있게 된 것이다. 수천 리 길을 도적의 위협에 시달리는 일이 없어지고, 표호를 통해 환어음 한 장으로 천하에 은이 통용되는 세상이 되었다. 표호의 등장은 상업의 발달에도 지대한 역할을 했다.

　　'회통천하'(匯通天下), 이는 '환어음을 천하에 통하게 하라'는 뜻이다. 청나라 8대 황제인 도광제(道光帝, 1782~1850)가 내린 회통천하 편액은 지금도 르성창의 뜰 안쪽에 걸려 있다.

　　표호 르성창은 은자를 받아 환어음을 발행하면서 수수료를 뗐고 지급지와의 거리에 따라 수수료도 차등화했다. 이를테면 핑야오에서 1천

냥의 은자를 보낼 때, 비교적 가까운 거리인 베이징까지는 4~5냥의 수수료를 받았다면 상하이까지는 20냥, 쑤저우(蘇州)까지는 35냥, 충칭(重慶)까지는 60~80냥을 받는 식이었다. 거리에 따라 0.4~10퍼센트에 이르기까지 수수료가 달랐다.

표호업이 발달하면서 표호는 단순히 환어음만 취급하는 것이 아니라 맡겨둔 은자를 회전시켜 대출을 해주면서 새로운 이윤을 창출하기 시작한다. 예금에 이어 현대 은행의 주요 업무 중 하나인 대출까지 취급하게 된 것이다.

르성창에 이어 핑야오에는 물론이고 기현(祁縣)과 태곡(太谷)에 속속 표호가 들어섰다. 청대(淸代)를 통틀어 중국 전역에는 51곳의 표호가 성업했는데 그중에 43곳이 진상이 세운 것이다. 이 43곳의 표호 중 41곳이 핑야오 고성과 기현, 태곡에 있었고 나머지 2곳만이 타이위엔에 있었다. 한마디로 핑야오 고성 일대는 중국 근대 금융업의 중심지였다. 진상이 운영한 43개의 표호는 국내외에 총 6백여 개의 지점을 두었다.

제2차 아편전쟁(1856~1860)과 태평천국의 난은 표호의 전성기를 무너뜨리는 계기로 작용했다. 각지에서 부자들을 대상으로 약탈이 벌어졌고 은자를 쌓아놓았던 표호 역시 공격 대상에서 벗어날 수 없었다.

표호는 19세기 말이 되자 관영은행과 민영은행이라는 강력한 경쟁자들을 만나게 된다. 1897년 중국 최초의 은행인 '중국통상은행'이 상하이에 설립됐다. 1905년에는 최초의 국영은행인 '호부은행'도 생겼다. 호부은행은 신해혁명 직후 '중국은행'으로 바뀌었다. 현대적 시스템을 갖춘 은행과 표호와의 싸움은 처음부터 승패가 불 보듯 분명했다. 표호에 가해진 가장 큰 타격은 최대고객이었던 정부 자금을 국영은행에 빼앗긴 것이었다.

1911년 신해혁명은 표호를 회생불능 상태로 몰아넣었다. 신해혁명으로 청 왕조는 무너졌고 전국의 표호는 청 왕조에 빌려준 700만 냥의 은자를 한 푼도 받지 못하고 떼이게 된 것이다. 파산하는 것 외에 다른 길은 없었다.

1914년 르성창은 도산했다. 혁명이 끝나자 받을 돈이 갚을 돈보다 더 많았다. 목숨 같은 신용을 지키기 위해 빚을 갚고, 받을 돈은 한 푼도 받지 못했다. 르성창은 더 이상 버틸 재간이 없었다.

르성창의 도산 이후에도 몇몇 표호들은 1940년대까지 명맥을 이어가기도 했지만 결국 모두 역사 속으로 사라져갔다.

6 영화 〈백은제국〉의 세계

은(銀) 본위제도가 절정에 다다랐던 표호(票號)의 시대는 '백은제국'(白銀帝國)으로 불리기도 했다. 2009년 8월, 진상(晉商) 표호를 소재로 한 영화, 〈백은제국〉이 홍콩을 비롯한 중국 전역에 개봉됐다. 궈푸청(郭富城), 장톄린(張鐵林), 하오레이(郝蕾) 등의 중화권 스타들이 대거 출연하고 야오수화(姚樹華) 감독이 연출한 이 영화는 세계 금융의 중심지인 월스트리트에서도 화제를 모을 정도로 각광을 받았다. 개봉 직후 〈백은제국〉은 홍콩 박스오피스 1위에 올랐고 베를린 영화제에 초청받았다.

19세기 말에서 20세기 초반까지의 청말(淸末)을 시대적 배경으로 하는 이 영화는 진상 표호의 흥망을 드라마틱하게 재현했다는 점에서 중국의 금융사를 연구할 때 반드시 봐야 할 영화다. 지금껏 진상 표호가 등장하는 영화나 드라마는 종종 있었지만 표호 자체가 핵심 소재이자 배경이 된 것은 〈백은제국〉이 처음이었다.

이 영화의 원작은 작가 청이(成一)가 쓴 소설 〈백은곡〉(白銀谷)이다. 산시 태곡현에 위치한 톈청위엔(天成元)이라는 표호의 성장과 몰락과정을 그린 이 소설은 작가가 오랫동안 진상 표호의 역사를 연구한 성과물을 담은 사실상의 다큐소설이라는 점에서 더욱 주목할 만하다. 톈청위엔의 모델이 된 곳이 바로 르성창인 것은 말할 것도 없다.

영화는 "100년 전의 중국에서는 열강들이 나라의 국보와 재물들을 약탈해 갔고 아편이 중국인민들의 건강과 자존심을 빼앗아 갔다. 그때 진상 표호가 건립한 금융제국은 서방에 '중국의 월가'로 불렸다"는 자막으로 시작된다.

시대적 배경은 19세기 말에서 20세기 초로 넘어가던 역사적 혼돈기. 서구열강과 일본, 러시아 등이 경쟁적으로 중국에 진출해 각축전을 벌이면서 청나라를 압박하고 마구잡이로 약탈을 자행하던 시기였다. 당시 산시의 진상들은 이미 전 중국을 상대로 신용거래를 본격화하면서 세계 최초로 은본위제의 초기은행 모습을 갖춰나갔다. 산시는 '금융제국' 중국의 금융중심지였던 것이다.

영화는 톈청위엔을 중심으로 표호의 역사와 표호를 운영하는 진상들과 여인들 간의 애정을 교묘하게 엮어 극적인 사실감을 높인다. 영화의 주 무대인 톈청위엔은 표호가 성업하기 시작한 100여 년 전, 30냥의 은자를 자본으로 부를 축적, 전 중국에 46곳에 이르는 지점을 거느리는 거대한 표호로 성장했다.

톈청위엔의 주인인 강(康) 대인에게는 네 명의 아들이 있다. 첫째는 심성이 착하지만 말을 못하는 청각장애인이었고 둘째는 똑똑하지만 성격이 급하고 폭력을 일삼아 후계자로 적합하지 않았다. 그래서 강 대인은 셋째아들을 후계자로 여겼다. 영화는 이 아들들에 초점을 맞춰 표호가 대물림되는 순간을 포착하고자 했고 동시에 표호의 쇠락도 담아내고자 했다.

표호는 신용으로 운영된다고 해도 과언이 아니었다. 톈청위엔이 성공할 수 있었던 밑받침 역시 신용이었다. 신용을 지키기 위해 표호에서는 엄격하고 까다로운 계율들이 지켜지고 있었다. 표호 운영의 핵심을 담당하는 행수(行首)들에게는 더욱 가혹했다.

톈청위엔을 운영하는 수석 행수인 치우(邱)가 춘궁기 기근을 이용해 고리대금업을 하다가 다른 표호에 적발돼 고발되었다. 그러자 강 대인은 재판을 열어 치우 행수를 호되게 질책한다.

"장사를 해서 번 돈으로 고리대금업을 한다는 것은 표호업계의 치욕이다. 그리되면 우리까지 고리대금업자가 되는 것이다. 이익을 보고 의로움을 잊었으니 진상의 계율을 어긴 것이다. 더 이상 너와 함께 일할 수는 없다."

치우 행수를 엄하게 꾸짖은 강 대인은 고향에 돌아가서 농사를 지으면서 사람됨을 배우라고 말한다. 수석 행수라고 하더라도 표호의 계율을 어겨 쫓겨날 경우, 다른 표호에서도 일을 하지 못하는 것이 진상의 계율이었다.

그렇지만 그해 연말 결산 때 강 대인은 쫓아낸 치우 행수의 몫을 지불한다. 쫓겨나기 전까지 행수가 일한 몫을 챙겨주는 것 역시 진상 표호의 계율이었기 때문이다. 일한 만큼 보상한다, 이 기본원칙을 지키기 위해서라면 표호를 떠난 행수에게도 예외는 없다. 그만큼 약속을 지키고 신뢰를 굳게 하는 일이 표호가 담당한 핵심적 역할이었던 것을 알 수 있다.

진상의 표호는 '절대신뢰'를 위해 엄격한 내부인사관리에 힘썼다. 산시의 오래된 속담, '사람을 얻는 자가 번창한다'는 말은 동서고금을 막론하고 통용되는 '인사가 만사다'라는 말과도 일치한다.

진상 표호는 사람을 쓸 때 세 가지 원칙에 따랐다. 고향 사람을 쓰되 친인척은 쓰지 않았고, 우수한 사람을 선발하되 반드시 보증을 세웠고, 파격적인 발탁도 즐겼다.

여기서 고향 사람을 쓴다는 것은 고향을 통해 조직의 결속력을 도모

하자는 뜻이었다. 동향이라는 점이 가져다주는 시너지효과를 노린 것이기도 하지만 동향인들을 통제하기가 더 쉬웠기 때문이라는 분석도 있다. 친인척을 쓰지 않는 것은 친인척을 쓸 경우 엄격해질 수 없다는 점을 잘 알았기 때문이다. 가족경영의 폐단을 일찌감치 꿰뚫고 있었다.

사실 표호의 직원 선발 기준은 이런 원칙보다 더 까다롭고 엄격했다. 용모가 단정하고 예절을 알고 주판 등 셈법에 밝아야 할 뿐만 아니라 대범한 성격이어야 했다. 또한 집안에 도적이나 살인자, 역적이 있어서는 절대로 표호에 취직할 수 없었다.

표호 직원은 표호 내에서 숙식을 해야 했고 평소에는 집에 돌아갈 수 없었다. 나이가 차서 결혼을 할 때도 신부는 반드시 산시 출신이어야 했다.

이외에도 "타지에서 일하는 행수는 가족을 데려가서도 안 되고 작은 마누라를 둬서도 안 되고 또한 기생을 만나서도 안 된다"는 계율도 있었다. 이 계율은 행수에게 엄격한 도덕의식을 요구하는 것이면서 동시에 고향에 남겨둔 가족을 인질 삼아 타지에서 큰돈을 다루는 그들을 감시하는 효과도 있었다.

하지만 3년에 1번꼴로 가족을 만나는 일은 행수에게도, 남은 가족에게도 너무 가혹한 일이었고, 그 폐단이 적지 않았다. 이 계율에 불만을 품은 어느 행수의 부인은 톈청위엔 넷째아들의 신혼여행을 기회로 삼아 납치극을 계획한다. 사람을 고용해 신혼여행지인 톈진에서 신부를 납치하게 한 것이다. 그렇게 하면 자신의 남편인 행수가 가족에게 돌아올 수 있을 것이라고 생각했다.

그런데 계획과 달리 고용인 무리가 신부를 성폭행하면서 이야기는 비극으로 치닫는다. 충격을 이기지 못한 신부는 자살해버리고 넷째아들 역시 미치광이가 되어버린 것이다. 또 이 소식을 듣고 넷째를 도우러 가던 둘째아들은 낙마로 중상을 입는다. 셋째아들은 이 비극적 사건의 핵심이 톈청위엔이 자랑했던 엄격한 계율에 있음을 깨닫고 놀란다.

"진상의 계율이 인간의 본성을 죽이고 있다. 아무리 막중한 임무를 수행하는 행수라고 하지만, 3년에 한 번씩 가족과 재회하라고 한다면 과연 몇 명이나 참아낼 수 있을까."

우여곡절 끝에 톈청위엔의 운영권을 물려받게 된 셋째아들은 조상들의 발자취를 뒤쫓겠다며 강 대인이 다시 데리고 온 치우 행수와 사막여행에 나섰다. 사막에서 늑대의 습격을 받은 두 사람은 가까스로 위기에서 벗어나게 되고, 자신의 목숨을 구해 준 셋째에게 치우 행수는 충성을 맹세한다.

그러나 세상은 이미 표호의 몰락을 예고하는 징후들로 가득했다. 태평천국의 난을 비롯한 농민들의 봉기로 사회 혼란은 극에 치달았고, 서구열강과 러시아, 일본 등 제국주의 세력의 침탈 역시 거세지기만 했다. 이들의 횡포에 제대로 대처하지 못하면서 정부의 신용은 바닥으로 추락했다. 정부의 전표를 중개하던 진상 표호는 심각한 재정위기에 처한다.

톈청위엔은 조정의 금고에서 벗어나 근대은행으로의 전환을 시도하지만 이 역시 역부족이었다. 영화에서도 일부 과정이 나왔지만 라오바이싱(老百姓)들로 하여금 지폐를 저축하도록 하면서 자본축적에 나섰다. 정부와 함께 표호도 운송이 위험한 은자를 대신해서 지폐를 받기 시작한 것이다. 그러나 정부 또한 지폐를 대량으로 발행해 위기를 벗어나고자 하는 바람에 은본위제 자체가 근본적으로 흔들리게 되었고, 지폐의 대량 통용이 표호의 몰락을 초래했다.

신해혁명의 영향은 결정적이었다. 정부가 막무가내로 발행한 화폐의 빚이 모조리 표호의 몫으로 옮겨진 것이나 다름없었다. 이후 혼란은 걷잡을 수 없이 커졌다. 중국 전역의 표호 분점은 약탈에 시달렸다. 톈청위엔에 지폐를 예금한 수많은 사람들도 예외는 아니었다. 은자는 턱

없이 부족했다.

그러던 중 8개국 연합군이 톈진을 공격하면서 베이징이 함락될 위기에 처하자 톈청위엔은 베이징 분점의 문을 닫는다. 독일과 프랑스 군대가 산시 공격에 나선다는 소식을 전해들은 강 대인은 백여 년 동안 대대로 모아둔 은자 3백만 냥을 감춰둔 장소를 셋째아들에게 알려주면서 대를 이어 표호를 운영할 것을 당부한다.

톈청위엔을 물려받은 셋째는 "표호의 계율은 대의로 하늘을 따르는 것과 정성과 믿음"이라면서 강 대인이 감춰둔 300만 냥의 은자를 찾아 서민들이 맡긴 예금을 모두 되돌려준다. "우리의 신용은 백 년 동안 쌓아온 것인데 민심을 잃으면 천하를 잃는 것"이라고 그는 말하지만 역사의 강풍 앞에 톈청위엔을 비롯한 표호들은 쇠락하고 말았다.

7 길 위의 산시사람들

EBS〈세계테마기행〉촬영은 산시 구석구석을 돌아다니면서 산시의 진면목을 확인할 수 있는 좋은 기회였다. 2010년 8월 방송된〈세계테마기행〉산시편은 방송되기 한 달여 전인 7월, 보름에 걸쳐 산시 전역을 4개의 주제로 나눠 여행하면서 촬영했다.

"5천 년의 시간여행"이라는 큰 주제 안에서, '중국의 영지(靈地) 우타이산', '황허(黃河)의 유산', '면(麵)의 왕국', '중국의 타임캡슐'이라는 네 가지 소주제로 나누어 산시를 소개하는 구성이었다.

1부 '중국의 영지 우타이산'에서는 중국의 4대 불교명산 중에서도 최고의 불교 성지로 꼽히는 우타이산을 찾아간 여정을 고스란히 보여준다. 2부 '황허의 유산' 편에서는 중국의 어머니 강이라고 불리는 황허의 웅장함과 그 강 한가운데에 펼쳐진 황허의 심장, 후커우폭포를 통해 황허의 진수를 맛보는 시간이었다. 중국의 시성(詩聖) 이태백이 "황허는 하늘에서 와서 요동치면서 바다로 흘러 다시는 돌아오지 않는다"고 했을 정도로 후커우폭포의 장대함은 한마디로 장관이다.

산시를 흐르는 황허와 험준한 산악지형은 특수한 주거형태도 만들어

냈다. 산시 남부지역은 북쪽이 높고 남쪽이 낮아 황허로 이어지는 산악지역에서는 가파른 비탈길같이 500m 이상 차이가 나는 지형을 형성해 땅을 파서 집을 짓는 지하 주거형태를 만들어냈다. 땅속에 집을 짓고 사는 산시사람들을 만났다.

3부 '면의 왕국'에서는 국수의 달인을 만난다. 그를 통해 산시가 자랑하는 다오샤오미엔(刀削麵)에서부터 이건미엔(一根麵) 등 다양한 산시 국수를 만드는 과정을 직접 확인했다. 4부 '중국의 타임캡슐'에서는 타임머신을 타고 핑야오 고성으로 가서 과거로의 시간여행을 안내한다.

촬영을 하는 동안 산시의 길 위에서 만난 산시사람들은 때 묻지 않은 순박함을 그대로 드러내면서 거치디거친 투박함을 숨기지 않았다. 산시는 신흥 경제대국으로 부상한 중국의 거대한 개발계획에서 비껴나 있었던 탓에 수천 년 동안 살아온 예전 모습과 별반 다르지 않았다. 그래서인지 그곳에서 삶의 터전을 일구는 산시사람들의 표정에서는 조급함을 찾아볼 수 없었고 싸구려 욕망이 풍기는 자본주의의 악취도 맡을 수 없었다.

그들은 낯선 이방인에게 손을 내밀어 기꺼이 자신들의 속살을 생생하게 내보여줬다. 경제강국이라는 중국의 새로운 이미지에 사로잡힌 우리에게 그들은 경제성장의 뒤안에 있는 변방의 중국 서민, 라오바이싱들은 어떻게 개혁개방의 시대를 살아가고 있는지 여실히 보여줬다.

· 우타이산의 오체투지

우타이산(五臺山)은 1만여 곳에 이르는 불교사원이 몰려 있어 각광받는 중국 최대의 불교성지이다. 지금도 성지순례에 나서는 불교신자들로 북새통을 이룬다.

산시 최고의 불교성지 우타이산에서는

오체투지에 나선 사람들을 어디에서나 볼 수 있다.

사원 순례를 마치고 '부처님 어머니의 동굴'이라는 '포무동'(佛母洞)을 찾았을 때 노스님 한 분을 만났다. 그는 끝없이 이어진 가파른 계단을 오체투지로 오르고 있었다. 옷은 곳곳이 해져서 누더기 같았고, 계속해서 이마를 바닥에 댄 탓에 온 얼굴이 흙투성이이던 이 스님의 표정은 어린아이처럼 해맑았다. 나는 스님을 스쳐 지나지 않고 한 걸음 뒤에서 천천히 뒤따랐다. 온 몸으로 계단을 오르는 스님의 모습은 무엇인가를 간절하게 기도하는 구도자의 모습, 바로 그것이었다.

　　"왜 이렇게 힘든 고행을 하세요?"

　　스님이 잠시 가쁜 숨을 멈추고 이마의 땀을 닦고 쉬는 사이에 다가가 우문을 던졌다.

　　"내 나이가 일흔다섯입니다. 죽을 날도 얼마 남지 않은 것 같아요. 더 나이가 들면 움직이기도 더욱 어려울 테니 죽기 전에 오체투지를 하고 싶었습니다."

　　구도자든 불자든 누구나 일생에 한 번은 할 수 있기를 꿈꾼다는 오체투지. 올해 일흔다섯이라는 이 노스님은 이마와 두 팔과 두 무릎, 몸의 다섯 부분을 땅에 붙인 채 세상에서 가장 낮은 자세로 세상과 하나 되는 그 구도의 몸짓을 석 달째 하고 계셨다. 몸은 날로 고되지만 오히려 살면서 지게 된 무거운 짐들을 내려놓는 해방의 시간을 누리고 있다고 말하는 그의 눈빛은 진실했다.

　　스님이 다시 언덕을 향해 몸을 엎드린다. 그의 모습을 지켜보던 나는 나도 모르게 그를 따라했다. 그를 따라 두 팔로 땅에 엎드려 무릎을 대고 이마를 대지에 붙였다. 처음엔 어색했고 서툴렀다. 그러나 어느 순간 몸이 땅과 하늘과 세상과 하나가 되는 것을 느꼈다. 힘들다고 느끼는 것은 한순간. 갑자기 몸이 가벼워지면서 번다했던 마음이 홀연 가벼워졌다.

　　그저 반사적으로 일어났다가 다시 엎드리기를 두 시간여. 순식간에 몇 km에 이르는 언덕길이 사라졌다. 비 오듯 쏟아지던 땀도 더 이상 흐르지 않았다. 누가 시키지도 않은 일이건만 나는 느릿느릿 마음을 비웠고 또렷해지는 자아를 느끼기 시작했다. 함께하던 스님은 그런 내 모습을 한참 지켜보더니 가까이 오라고 손짓했다.

"이렇게 만난 것도 다 인연입니다. 줄 것이 있습니다."

스님은 색 바랜 바랑을 열더니 작은 염주를 꺼내 내 팔에 채웠다. 그러면서 "앞으로의 여행에서 이 염주가 신변의 안전을 지켜줄 것"이라고 했다. 그리고는 말없이 합장을 하고 미소를 지었다.

노스님의 숭고한 몸짓에 마치 홀리듯 계획에 없던 고행을 하게 되었지만, 오체투지는 내가 잊고 있었던 많은 것을 문득 일깨웠다. 몸을 통해서 마음을 비우는 법도 배웠다. 늘 온갖 생각들이 맴돌아 혼란스러웠던 머릿속이 단번에 깨끗해졌다. 또한 땅에서 멀어졌다가 땅과 일치된 순간에 깨닫게 된 대지의 힘은 실로 놀라웠다. 세상을 살면서 내가 한 꺼풀씩 지게 된 짐의 무게도 새삼 깨달았다.

스님은 염주 하나 남겨놓고 다시 가던 길을 재촉했다. 스님과의 인연은 거기까지였다. 오체투지를 하면서 멀어지는 스님을 바라보면서 산시사람에 대한 편견과 선입관을 모두 잊었다.

· 양치기 아저씨

산시에서도 석탄도시로 유명한 다퉁(大同)을 중심으로 한 쒀저우(朔州)와 신저우(忻州) 등의 진베이(晋北) 지방은 우타이산을 비롯, 험준한 산이 사방으로 펼쳐진 산악지형이다.

신저우에 위치한 루야산(蘆芽山)은 산시 정부에서 새로운 관광지로 개발하고 있는 곳이다. 루야산 입구의 작은 마을인 '둥자이전'(東寨鎭)은 최근 들어 관광객들을 겨냥한 관광호텔이 두세 곳 생길 정도로 개발이 진행된 곳이지만 전력 사정이 좋지 않아 수시로 사전 예고 없이 정전이 발생했다. 굉장한 모순이 아닐 수 없다. 중국 최대의 석탄 산지이자 전력 생산지이지만 정작 산시의 오지는 전력공급이 낙후되어 있는 모습은 씁쓸한 뒷맛을 남긴다.

둥자이전 입구에 다다르기 전, 야산 모퉁이에서 한 떼의 양들이 한가롭게 풀을 뜯는 풍경이 눈에 들어왔다. 두 사람의 목동이 양떼를 이리저리 몰고 있는 모습이 무척이나 아름다워 무작정 그쪽으로 다가갔다. 멀리서 인사말을 건네고 사진을 찍어도 되느냐고 물었지만 잘 들리지 않는지 대답이 없다. 허락 없이 카메라를 들이댈 수는 없어 가까이 다가가 인사를 건네기로 했다. 인상 좋은 아저씨였다.

조금 전 먼발치에서 '라오예'(老爺, 할아버지)라고 불렀던 것이 머쓱해 미안해하는 기색으로 다시 인사를 하고, 사진을 좀 찍을 수 있겠느냐고 물었다. 양치기 아저씨는 하얀 이를 드러내면서 선한 웃음을 짓는 것으로 대답을 대신했다.

아름다운 풍경에 취해 정신없이 사진을 찍다 한참이 지나서야 양치기 아저씨에게 다가가 한국에 산시를 소개하기 위한 TV 프로그램을 찍고 있다고 자초지종을 설명했다. 그는 한국을 잘 안다며 반가워했다.

양치기 아저씨는 나와 눈을 맞추면서도 양떼들이 제멋대로 흩어지지 않도록 부지런히 움직였다. 그런 모습을 보던 나도 '휘이 휘이' 소리치면서 양들을 한쪽으로 모는 시늉을 했다.

그때 양떼 사이에 있던 양치기 아저씨의 부인이 아저씨를 부르더니 움직임이 다소 불편해 보이는 양을 가리켰다. 양떼에 섞여 있던 양 한 마리가 배탈이 난 모양이었다. 다른 양들보다 배가 한아름 부풀어 오른 것이 불편해 보였다. 아저씨는 황급히 마을 방향으로 뛰어갔다. 수의사를 부르러 간 걸까?

아저씨가 떠나자 양떼를 모는 손길이 부족했다. 도움이 될까 해 아저

"양들이 배불리 풀을 먹어야 집에 들어갈 수 있어요.
온 가족이 함께 모여 식사할 때면 피로 같은 건 금세 잊어요."

씨가 무심하게 스윽 휘두르던 장대질을 기억하고 따라해 보았지만 오히려 양떼를 흩트리고 말았다. 이리저리 제멋대로 움직이는 양들을 한쪽으로 모는 일은 보기와 달리 어려웠다.

딱히 아저씨가 부탁한 건 아니지만 홀로 남은 아저씨의 부인을 돕겠다는 생각에 나는 안간힘을 다해 양떼를 이리저리 몰았다. 서툰 목동을 깔보기라도 하는 듯 양떼들은 대형을 흩트리고 움직여댔다. 그 꼴이 우스웠던지 아저씨의 부인은 멀리서 배를 잡고 웃고 있었다. 그러다가 안쓰러운 마음이 들었는지 급하게 몰지 말고 양들이 풀을 충분히 뜯어먹을 때까지 기다렸다가 천천히 이동하게 해야 한다고 알려줬다.

20여 분 만에 양치기 아저씨는 수의사로 보이는 젊은 사람을 데리고 돌아왔다. 손에는 긴 바늘이 들려 있었다. 체해서 배에 가스가 가득 찬 양을 치료하기 위해 가져 온 치료용 바늘이었다. 아저씨는 잽싸게 부인이 가리킨 양을 낚아채 다리를 잡았다. 양이 발버둥 쳤다. 나도 양의 뒷다리를 잡아 양이 움직이지 못하도록 하는 사이에 수의사는 익숙한 솜씨로 배를 쓰다듬더니 바늘을 찔러 넣었다. 바늘 덕분에 뱃속의 가스를 빼낸 양은 아무 일 없었다는 듯 양떼 사이로 쑥 들어갔다.

양을 닮은 순박한 미소를 띤 양치기 아저씨 쑨양하이(孫陽海) 씨는 원래 농부였다. 그러나 2년 전, 아들딸이 대학에 들어가게 되면서 등록금을 감당하기 위해 빚을 내서 80여 마리에 이르는 양을 기르기 시작했다. 다 자란 양 한 마리가 7백 위안 정도에 팔린다. 양 80마리에 해당하는 돈은 이곳 시골마을에서는 적지 않은 돈이다.

어느새 날이 어둑어둑해지기 시작했다. 너무 늦으면 양떼를 잃어버리지 않겠느냐는 내 말에 "양들이 충분히 배불리 풀을 먹어야 집에 들어갈 수 있다"고 말한다. 양떼를 따라 이동하다 보니 우리는 산중턱까지 올라와 있었다.

마을을 둘러 지나가는 철길로 내려오자 아저씨를 빼닮은 소녀가 기다리고 있었다. 저녁시간이 다 되었는데도 아버지가 내려오지 않자 마중을 나온 것이다. 양을 돌보느라 제 허기도 잊고 일하는 아비를 염려하는 딸의 마음이 참 보기 좋았다.

"딸이 여기까지 마중을 나오니 기분이 좋겠어요"라고 덕담을 건네자 아저씨는 사람 좋은 웃음을 그치지 못한 채 딸의 볼을 한 번 쓰다듬고는 "예쁘지 않냐"고 되묻는다.

그때 지축을 울리는 듯한 기차소리가 들려오면서 양떼가 사방으로 흩어진다. 우리는 서둘러 양떼를 철길바깥으로 몰아냈다. 무사히 마을 골목길로 내려오자 양떼가 자기 집을 찾아가듯 달음질을 친다. 아저씨가 모는 100여 마리의 양 중 일부는 동네 사람이 맡긴 것으로, 저녁이 되어 마을에 내려오면 주인을 찾아 가는 것이다.

"온가족이 다 함께 모였을 때가 가장 행복해요. 지난 설날에는 딸이 대학졸업을 앞두고 있어서 집에 오지 못했는데 그때는 정말 슬펐어요."

양치기 아저씨의 초대를 받아 양떼와 함께 집으로 들어섰다. 집안에서 흘러나오는 음식냄새가 하루 종일 양떼를 모느라고 피곤하고 허기진 배를 유혹했다. 부인은 해가 떨어질 때쯤 미리 돌아와 저녁을 준비한 모양이었다.

저녁식사는 국수다. 하긴 산시에서는 아침이든 저녁이든 언제나 국수가 주식이다. 산시에 오면 나도 끼니때마다 국수를 먹었다. 그렇지만 이처럼 라오바이싱 집에 초대를 받아 직접 만들어내는 국수를 먹어보는 것은 이번이 처음이었다. 이들이 평소에 먹는 국수는 산시국수의 대명사인 다오샤오미엔이 아니라 칼국수였다. 반죽을 해서 칼로 면을 썰어내 끓이는 방식은 우리나라 칼국수와 다를 바 없었다. 다른 점이 있다면 고명이었다. 중국 특유의 향료를 듬뿍 넣은 고명을 만들어 얹어 먹는데 여러 가지 종류의 고명을 동시에 내었다.

부인이 국수를 한가득 담아내오자 아저씨는 손님대접을 한다며 고명을 듬뿍 얹고는 내게 먼저 권했다. 국수의 맛은 정말이지 식당에서 사 먹던 것에 비할 수 없었다. 가족들을 위해 하루 종일 양떼를 몰고 다니면서 고생하고 저녁 늦게 집에 돌아와 허기졌을 아저씨를 위한 마음이 그대로 담겨 있는 것 같아서 천천히 그 맛을 음미하면서 먹었다.

아무 말 없이 국수를 끓여 내는 부인에게 물었다. 이런 시골에서의 생활이 힘들지 않느냐고.

"우리에겐 여기 두 아이가 있잖아요. 힘들지 않아요. 이렇게 온 가족이 함께 모여서 식사를 할 때면 피로 같은 건 금세 잊어요."

대학을 졸업한 큰딸과 이제 대학에 다니기 시작한 아들, 그리고 그들이 키우는 양떼는 이 부부의 든든한 희망이자 행복의 원천이었다.

그사이 아저씨는 국수 한 그릇을 더 받아들었다. 아이들의 미래를 생각하면 하루 종일 벌판을 떠도는 목동일도 전혀 고되지 않다고, 아이들이 건강히 자라 나라에 필요한 사람이 되었으면 좋겠다는 소박한 그의 바람이 이루어지길 마음속으로 기원했다. 문득 우리 가족이 생각났다. 휴대폰에 저장된 가족사진을 보면서 잘 챙겨주지 못하는 두 아이와 아내에게 참 미안하다는 생각을 했다.

산시 북부지방의 오지마을에서 뜻밖의 환대를 받고 가족의 소중한 의미까지 일깨워준 쑨 아저씨와 그 가족들. 나는 이곳에서 소박하지만 진정한 행복의 의미를 새롭게 깨달았다. 나는 그들의 모습을 카메라에 담아 '행복한 가족의 한때'라는 이름을 붙여 보내주었다. 그리고 때 묻지 않은 산시사람들의 모습도 내 마음속에 오랫동안 담을 수 있었다.

· 장승원의 황주

평야오 고성의 뒷골목에서는 오늘도 오래된 술 향기가 은은하게 퍼져 나온다. 300여 년 전부터 이곳 장승원(長昇源)에서는 7대째 황주를 빚고 있다. 명나라 숭정제 때부터 '취승원'(聚昇源)이라는 이름으로 술을 빚던 이 양조장에 청나라 말엽인 1,900년 평야오 고성을 찾은 자희태후(慈禧太后, 서태후)가 방문해 황주를 맛보고는 오래도록 보존하는 것이 좋겠다며 '장'(長)자를 하사했다. 그 후 이름을 장승원으로 바꾼 후 오늘날까지 이어오고 있다.

6대 장인인 귀화이런(郭怀仁) 씨는 백발이 성성한 채 "우리 집의 술은 대대로 내려오면서 한 번도 제조방식을 바꾼 적이 없다"고 자랑했다. 그러면서 그는 붓을 들어 '후덕전가'(厚德傳家)라는 글자를 내리써서 내밀었다. '무슨 일을 하든지 가장 중요한 것은 도덕이다. 도덕이 없으면 다른 것은 아무런 소용이 없다. 도덕을 오랫동안 전승해야 한다'는 뜻이다. 도덕을 이어받으라는 말은 바로 산시상인, 진상의 첫 번째 계율인 신의를 지키라는 것과 다름없지 않은가.

일체의 첨가물을 섞지 않고 오로지 조와 누룩만으로 발효시켜 옛 방식 그대로 빚어내는 황주에는 혀를 감도는 듯한 특별한 맛보다는 세월을 이어온 은은한 향기가 배어 있었다. 술의 도수 역시 높지 않았다. 딱 21도의 적당한 도수를 유지하는데, 이는 평야오 고성에 사는 사람들의 어제와 오늘을 이어주는 살아 있는 역사다.

300년을 지켜 온 발효실의 석탄아궁이도 한때 꺼진 적이 있었다. 문화대혁명(1966~1976) 당시 전 중국에 식량이 부족해질 정도로 경제적 암흑기가 닥치자 장승원도 문을 닫을 수밖에 없었다.

덩샤오핑(鄧小平)은 장승원 부활의 은인이었다. 그의 개혁개방 정책은 장승원이 다시 술을 빚을 수 있도록 했다. 10년 만에 옛맛 그대로의

덩샤오핑은 장승원 부활의 은인이다.

그의 개혁개방 정책은 장승원이 다시 술을 빚을 수 있도록 했다.

황주를 빚어낸 귀화이런 씨는 덩샤오핑의 영정을 술 창고에 모셔놓고 술이 완성될 때마다 첫 잔을 따라서 올리고 있다. 7대 주인에게 긴 시간 대를 이어 술을 빚는 특별한 이유가 있냐고 물으니 그는 황주의 대를 이어가는 것은 사명이라고 했다.

"대를 이어 소중히 내려온 것을 잃어버리는 것은 죄를 짓는 것이라고 생각합니다."

그의 이 한마디에는 대대로 전해져 내려오는 것을 지키는 사람이 가질 법한 막중한 책임감이 느껴졌다. 그 책임과 의무를 다하기 위해 애쓰는 모습은 보기 드문 울림으로 다가왔다.

길 위에서 만난 산시사람들은 소박하고 순박했다. 또 전통과 역사를 소중하게 생각했다. 이런 그들을 쉽게 '시대의 변화에 동떨어진', '고루한', '촌스러운', '고집스러운' 사람들이라고 말해버리는 건 옳지 않다는 생각이 들었다. 이미 나는 우직한 그들이 그립다.

8 측천무후

측천무후(則天武后, 624~705)는 중국 역사상 유일무이한 여황제다. 청말(淸末)의 서태후와 서한(西漢)의 왕정군(王政君), 북송(北宋)의 유아(劉娥) 등 수없이 많은 여성이 권력을 잡고 중국 역사를 뒤흔들었지만 황제의 자리에 오른 여인은 측천무후뿐이다.

무측천은 재인(才人) 궁녀로 입궁했다. 당 태종의 여인이 된 그녀는 태종이 죽자 비구니가 되었다. 이후 태종의 아들인 고종의 총애를 받아 다시 황제의 여인이 되었고 결국 그녀는 황후까지 몰아내고 그 자리를 차지하는 데 성공한다. 황후가 된 측천무후는 자신의 아들이 황위를 물려받게 했다가 그를 폐위시키고 새로운 왕조를 열어 황제가 되었다. 중국 역사상 전무후무한 여인이다.

남존여비 사상이 지배하던 봉건왕조의 시대에 그녀는 권력을 움켜쥐고 천하를 호령했을 뿐 아니라 스스로 제국(帝國)을 열어 남성만이 오를 수 있던 천자(天子)의 지위를 당당하게 쟁취했다.

그녀가 황제에 오른 시기는 공교롭게도 신라가 선덕여왕과 진덕여왕 등 2대에 걸친 '여왕 시대'를 막 마친 직후였다. 그전까지 세계사에서 여성이 황제의 자리를 차지한 기록은 찾아볼 수 없다. 신라 최초의 여왕인 선덕여왕은 신라가 삼국통일의 기틀을 다지는 데 성공했으며 선정(善政)을 베풀어 민생을 구휼하고 당나라에 유학생을 보내 선진문화를 수입하기도 하는 등 뛰어난 업적을 남겼다.

측천무후가 그때까지 남성의 전유물처럼 여겨졌던 황제의 자리에 오르겠다는 생각을 품었던 것도 자신보다 앞서 여왕이 된 선덕여왕의 영향을 받은 것은 아니었을까. 측천무후가 신라 여왕들의 사례를 보고 여성도 황제가 될 수 있다는 생각을 굳히는 명분으로 삼았다는 추론을 가능하게 하는 기록도 있다.

선덕여왕은 632년에 왕위에 올라 647년까지 16년간 왕권을 유지했다. 선덕여왕에 이어 진덕여왕의 통치가 654년까지 7년간 이어졌다. 신라는 632년에서 654년까지 23년간 '여왕의 시대'를 구가한 것이다.

측천무후는 624년 태어나 14살이 되던 637년 황궁에 들어갔다. 당시 당나라와 신라의 관계를 볼 때 측천무후가 선덕여왕과 진덕여왕을 몰랐을 리 없다.

실제로 중국에서 제작되어 인기를 끈 측천무후를 소재로 한 영화와 드라마에서 당태종 재임 당시 신라가 당나라 수도인 시안(西安)에 사신을 보내 공물을 바치고 당태종을 알현하는 모습을 볼 수 있다. 당나라의 동쪽 변방 신라가 여왕의 나라이니 측천무후로서는 자신이 황제가 되지 말라는 법이 있느냐고 생각했을 법도 하다.

측천무후(則天武后)의 고향은 산시 문수현(文水縣) 남서촌(南徐村)이다. 이곳에는 당나라 때 만들어진 장대한 규모의 측천성모(則天聖母) 상이 아직도 남아 있다. 이곳에 조성된 측천무후묘는 문수현 사람들이 그동안 수십 차례 개·보수해 지금과 같은 규모를 유지하게 됐고 매년 측천무후의 기일마다 제사도 지낸다고 한다. 이곳 정전신좌 위에 놓인 무측천의 조소는 당나라 때 만들어졌고, 이후 1987년, 마을사람들이 단정하고 기품 있는 모습의 대리석 조소를 다시 만들어 세웠다.

측천무후가 실제로 묻힌 것으로 알려진 산시 건현 고파령의 주민들도 측천무후를 극진하게 숭배한다. 지금도 청명절이 되면 많은 사람들이 측천무후와 당 고종 이치(李治)가 함께 묻힌 합장릉인 건릉에 올라 제사를 지내면서 추모한다. 측천무후의 묘는 고향인 산시 문수현뿐 아니라 이웃한 산시 건현의 건릉까지 합쳐 두 곳인 셈이다. 이는 문수현 사람들뿐만 아니라 산시사람들이 측천무후의 고향이 산시라는 사실을 대내외에 널리 알리면서 자랑스러워 한다는 것을 의미한다.

측천무후는 당고조 무덕 7년인 624년 상인출신인 형주도독 무사확(武師彠)과 수나라 종실 출신인 부인 양(楊)씨의 딸로 태어났다. 무측천이 12살 되던 해에 아버지가 세상을 떠났고, 14살이 되던 637년 어머니와 함께 고향 문수현을 떠나 당나라의 수도 장안(長安)으로 가서 친척집에 의탁해 지냈다.

장안에서는 그녀의 미모가 남다르고 학식과 교양을 지녔다는 소문이 나돌았다. 그 소문을 전해들은 당 태종은 즉시 조서를 내려 그녀를 입궁시키고는 황제의 재인으로 삼았다. 당시 재인은 황제의 후궁의 중에서 정5품에 해당하는 비빈으로 벼슬이 상당히 높았다. 황제는 황후 외에 정1품인 귀비와 숙비, 덕비, 현비와 소의, 소용, 소원, 등의 정2품 1명씩, 정3품인 첩호를 9명, 정4품인 미인 9명을 각각 거느릴 수 있었다. 또 정5품인 재인은 9명을 둘 수 있었으므로 무측천이 궁에 들어가서 곧바로 정5품에 봉해졌다는 것은 상당한 미모를 갖추었다고 추측하게 하는 대목이다.

당 태종은 그녀를 한 번 보고는 꽃같이 예쁘다면서 직접 '무미'(武媚)라는 이름을 하사, 그때부터 측천무후는 '무미랑'(武媚娘)이라는 애칭으로 불렸다.

측천무후라는 이름은 그녀가 죽고 나서 아들 이현(李顯)이 측천대성

산시 문수현의 측천무후묘(위)와 측천무후의 초상화.
ⓒ baidu

황후(則天大聖皇后)라는 시호를 내리면서 비롯된 것이다.

미모를 자랑하던 무미랑은 태종의 총애를 받지는 못했다. 태종의 부름을 받지 못했을 뿐만 아니라 죽을 때까지 그녀는 재인의 지위에서 벗어나지 못한 것이다. 황제의 주변에는 그녀만큼 아름다운 비빈들이 많았고 황제의 눈에는 그녀가 너무 어려 보였을지도 모른다.

그러나 측천무후는 당돌했다. 황제에게 간택당하기 위해 태종이 아끼는 난폭한 말을 다룰 수 있는 사람이 없다는 이야기를 듣고는 '채찍과 철퇴, 비수만 있으면 소첩이 그 말을 다루어보겠다'며 황제의 면전에서 야생마를 길들이는 기개를 펼쳐 보이기도 했다. 천하를 장악한 여장부다운 면모는 그때 이미 드러난 것이다.

측천무후가 황제를 사로잡지는 못했지만 태종의 아들로서 황위를 이어받은 고종, 이치(李治)의 눈에는 들었던 모양이다. 이치는 그녀보다 4살이나 연하였지만 한눈에 황제의 여자인 그녀에게 빠져들었다. 장손황후의 셋째아들인 이치는 두 형이 황태자 자리를 둘러싸고 치열하게 싸우는 바람에 어부지리로 태자가 됐다. 그래서 역사에서는 그를 유약한 이미지로 묘사한다.

그러나 사랑에 있어서는 달랐다. 태자 이치는 황제이자 아버지인 태종의 여인, 측천무후와 '금지된 사랑'을 키워나갔다. 황제와 태자가 후궁을 사이에 두고 '위험한 삼각관계'에 빠진 셈이다. 태종이 죽고 이치가 황제가 되자 태종의 후궁이었던 여인들은 황궁의 관습에 따라 모두 감업사(感業寺)로 보내져 비구니로 살게 된다. 황제의 총애를 받던 후궁들이지만 황제가 죽으면 하루아침에 비구니 신세로 전락해 머리를 깎고 남은 세월을 쓸쓸하게 보내야 했다. 측천무후도 정해진 운명에서 한 치도 벗어날 수 없었다. 그녀도 감업사에 보내져 머리를 깎았다.

고종 황제가 된 이치는 측천무후를 잊지 않았다. 650년, 태종이 죽은 지 1주기가 되는 날이었다. 고종은 선왕에 대한 성대한 추모 제전의식을 거행하기 위해 감업사로 갔다. 추모제를 끝낸 후 고종은 측천무후를 은밀하게 불러들였다. 1년 만에 파랗게 머리를 깎고 비구니가 된 옛 연인을 만나게 된 것이다. 측천무후는 고종과 단둘이 있게 됐지만 말없이 눈물만 흘렸다고 한다. 그녀의 그런 모습을 측은하게 바라보던 고종은 그날 이후 남의 눈을 피해 감업사를 찾았다. 아무리 황제일지라도 누구나 다 아는 선친의 후궁을 자신의 후궁으로 황궁에 불러들일 수는 없었다.

그러던 중 측천무후는 감업사에서 아들을 출산한다. 고종과의 '불륜관계'를 통해 태어난 이 아들이 바로 나중에 태자가 된 이홍(李弘)이다. 후궁 출신 비구니의 출산은 용서받을 수 없는 죄악이었지만 그녀는 이 일을 계기로 당당하게 황제의 여자 자리를 되찾게 된다.

태자를 생산한 측천무후는 비구니 신세에서 벗어난다. 측천무후의 복궁(復宮)에는 고종의 총애를 둘러싸고 후궁인 숙비와 갈등관계를 빚던 황후의 역할이 결정적이었다. 황후는 측천무후를 숙비와의 싸움에 활용하겠다는 계산에서 고종에게 감업사 비구니인 측천무후를 데려와도 좋다는 승낙을 한다.

이때 그녀는 꽃다운 나이를 막 지난 스물아홉이었다. 4년 만에 황궁으로 돌아온 측천은 잠시 황후의 시녀로 지내다가 곧바로 정3품 소의(昭儀)에 봉해졌고 이후 태종과의 사이에 6명의 자녀(4남 2녀)를 낳았다. 그리고는 마침내 황후마저 폐위시키고 그 자리에 오르는 데 성공한다. 태종의 재인이었던 여인이 다음 황제인 고종의 후궁으로 다시 황궁에 들어가 황후에 오르는 기적 같은 일을 만들어냈다.

고종이 풍질에 걸려 국사를 볼 수 없게 되자 측천무후는 직접 조정에 나서 국사에 관여하며 권력을 휘두른다. 당시 태자(이홍)는 8살밖에 되지 않았다. 고종은 이홍의 친어머니이자 황후가 된 측천무후에게 모든 것을 맡겼다. 그전까지 중국에서 황후가 정사에 참여하는 경우가 없진 않았지만 조정에 나타나 정사를 본 것은 무측천이 처음이었다. 무측천은 10여 년 동안 고종을 간병하면서 직접 정사를 챙겼다.

그러는 사이 태자는 어느새 자라 무측천의 적수로 성장했다. 고종과 무측천은 태자와 더불어 합벽궁으로 갔다. 다음 날인 4월 25일 태자 이홍이 급사했다. 야사(野史)는 태자가 황제의 자리를 넘보자 무측천이 독살했다는 소문을 남겼다. 태자 자리는 넷째아들 이현이 넘겨받았다. 683년 무측천이 59세가 되던 해 고종이 죽자 태자 이현이 황제가 됐고 그가 당 중종이다.

그러자 무측천은 황태후 신분으로 수렴청정에 나섰다. 688년 4월 무측천은 스스로 성모신황이라고 칭하고 690년 마침내 아들을 폐위시키고 스스로 황제의 자리에 올랐다. 국호도 당(唐)에서 주(周)로 바꿨다. 권력을 잡고 황제가 되기 위해 그녀는 아들을 죽이고 태자를 폐위시키고 황제의 자리를 빼앗는 일도 서슴지 않았다는 평가를 받는다.

황제에 오른 지 15년째인 705년, 80세가 넘은 그녀는 건강이 악화되면서 결국 측근인 장간지 등에게 연금되어 양위를 강요받다가 결국 태자 이현에게 황위를 넘긴다.

무측천이 세운 주나라는 15년 만에 당나라로 되돌아갔다. 역사는 주나라의 존재를 인정하지 않으려 한다. 그러나 측천무후의 주나라는 완전히 새로운 왕조였다. 측천무후는 690년 9월 9일 중양절인 이날, 새로운 수도 낙양(洛陽)에서 새 왕조 창건을 선포했다. 그리고 천하에 대사면령을 내리고 이레 동안 술을 내리면서 무(武) 왕조 탄생을 자축했다.

그녀는 중국역사상 최초이자 마지막 여황제였다.

무측천이 당을 버리고 주를 취한 것은 자신의 정치적 포부를 분명히 천명한 것으로 볼 수 있다. 당시 천하가 태평성세로 여기던 고대왕조는 한(漢)나라와 주(周)나라였는데 당나라가 한나라의 제도를 따랐기 때문에 무측천은 그와는 다른 주나라를 본받겠다며 국호를 주나라로 바꾼 것이다. 주나라의 왕도정치가 새로운 정치규범으로 등장한 셈이다.

그녀는 남존여비사상이 지배하던 당시 여성이 황제가 된다는 것이 얼마나 어려운지 잘 알고 있었다. 불교는 그에게 이 같은 남존여비사상을 타파할 수 있는 명분을 제공했다. 무측천은 유교와 불교, 도교를 모두 활용했다. 특히 불교는 여성이 왕이 될 수 있다는 논리를 제공했다. 유교에서는 남존여비사상이 강했지만 불교경전은 무측천에게 자신이 황제가 될 수 있다는 합리적 근거를 마련해줬다.

　2010년 개봉한 〈적인걸: 측천무후의 비밀〉은 측천무후의 황제즉위식을 앞두고 벌어졌던 권력암투를 생생하게 그린 영화다. 무측천의 황제의 즉위식을 앞두고 세워지는 거대한 불상건립 공사 중에 일어난 무측천 심복들의 살인사건을 둘러싸고 이야기는 전개된다.

　신라가 무측천에 앞서 여성이 다스리는 시대를 열었던 것도 무측천에게는 여성이 황제가 될 수 있다는 것을 보여주는 좋은 선례였다. 당나라 서쪽에 위치한 여인국에서는 여성이 왕이 되었고 남쪽에 있던 임읍국(林邑國)에서도 여성이 왕이 됐다. 또한 동쪽의 신라에서도 진평왕이 죽고 후사가 없자 그의 딸 선덕을 왕으로 삼았다는 것을 잘 알고 있었다.

　측천무후 사후 중국에서 더 이상의 여성황제는 나타나지 않았다. 청나라 말엽의 서태후와, 문화대혁명 직후 권력을 노린 마오쩌둥의 여인 장칭(江靑)이 최고의 권력을 잡았지만 황제의 지위에까지 오르지도, 새로운 왕조를 세우지도 못했다.

　측천무후 외에도 양귀비(楊貴妃)와 초선(貂蟬), 서시(西施), 왕소군(王昭君) 등 '중국의 4대 미인' 중에서 양귀비와 초선이 산시 출신이라는 점도 관심을 끌고 있다.

9 진상의 본고장

전 세계 어디를 가나 중국사람들이 밀집해 사는 차이나타운이나 화교의 상점가에는 우리에게 《삼국지》 영웅으로 잘 알려진 관우상(關羽象)이 어김없이 서 있다. 그들은 관우상 앞에서 매일 제를 지내고 예를 갖춘다. 관우는 그들에게 부를 가져다주는 재물신이다. 그래서인지 간혹 우리나라 사찰에서도 관우를 모시는 곳을 발견할 수 있다.

산시 남부의 윈청(運城)현은 관우의 고향이다. 윈청현 시에저우진(解州鎭)에 엄청나게 큰 규모의 관우묘, 관디먀오(關帝廟)가 있는 것은 그 때문이다. 관디먀오에 도착하기도 전에 이곳을 찾는 여행객들은 윈청으로 진입하는 고속도로 입구에 세워진 거대한 관우상을 발견하고는 이곳이 관우의 고향이라는 사실을 한눈에 알아챈다.

매년 이곳 관디먀오를 찾는 중국인 관광객만 수백만 명에 이른다. 그들이 이곳을 찾는 이유는 단 하나. 관광을 위해 온 것도, 역사를 되돌아보기 위해서도 아니다. 그들이 숭배하는 재물신의 고향에 와서 부자가 되게 해달라고 기도하기 위해서다. 관디먀오에서는 부자가 되기를 바라는 사람들이 줄을 서서 간절하게 참배하는 모습을 하루 종일 볼 수 있다. 향불을 피우고 경건하게 절을 하는 사람들의 표정에서는 신에 대한 경외감보다는 부자가 되고 싶어 하는 인간의 욕망을 발견할 수 있다.

《삼국지》의 무장(武將)인 관우를 재물신으로 모시기 시작한 사람은 산시상인, 진상이었다. 산시 출신인 관우상을 모셔놓고는 더 많은 재물을 기도하는 예를 차린 것이다.

관디먀오는 사실 관우가 묻힌 곳은 아니다. 관우가 죽은 후 그의 머리는 허난(河南)성 뤄양(洛陽), 몸은 푸젠(福建)성 당양(當陽)에 따로 묻혔다. 관우의 고향인 시에저우에 조성된 관디먀오는 관우의 영혼을 모신 곳이다. 이곳은 수(隋)대에 지어져 송(宋)·명(明)·청(淸)대까지 지속적으로 확장·보수됐다.

그렇다면 진상은 왜 관우를 재물신으로 모시게 되었을까?

관우, 즉 관운장을 영웅으로 만든 것은 《삼국지연의》를 쓴 산시사람 나관중이었다. 그는 관우를 유비를 모시는 충성과 신의의 인물로 묘사했다.

관우는 실존인물이다. 윈청에서 태어난 관우의 본명은 펑시엔(馮賢)이었다. 관디먀오 입구에 세워진 비석에는 관우가 말 장사꾼의 아들로 태어난 대장장이이자 두부 장수였다고 적혀 있다. 펑(馮) 씨 성(姓)은 그의 집안이 대대로 말을 다루는 일을 해왔음을 간접적으로 드러낸다. 말 장사꾼이든 대장장이든 두부 장수든 간에 관우는 산시사람이 가장 중시하는 상업에 종사하는 사람이었던 것만은 틀림없는 사실이다.

게다가 그는 무예가 뛰어나고 불의를 보면 참지 못하는 사람이었다. 당시 윈청에는 '시에저우 호랑이'라고 불리는 악질 토호 뤼슝(呂熊)이 살았다. 그가 한 여염집 처녀를 강제로 첩으로 삼으려는 것을 보고 참지 못한 관우가 그를 때려죽이는 일이 벌어졌다. 관우는 살인자가 되어 고향을 떠나 도주할 수밖에 없었고 그때 이름도 바뀌게 된 것이다.

소설 속에 묘사된 관우는 평생을 충의와 신의를 지키며 살았다. 유비와 도원결의를 통해 형제의 의를 맺은 후 조조의 포로가 되기도 했지만 조조의 달콤한 유혹에 넘어가지 않았다. 유비와의 신의를 지키기 위해 권력과 이득을 취하지 않은 것이다. 이후 관우는 현실에서 충절과 절개의 대명사가 된다. 이는 산시상인들이 금과옥조로 여기는 '의(義)로써 이(利)를 제약한다'는 원칙과도 일치한다.

관우는 산시상인의 장사 제1원칙, '신의'의 상징이 된 것이다. 그들은 종업원들을 고용할 때도 관우상을 모셔놓고 제사를 지냄으로써 자연스럽게 신의와 충성의 중요성을 교육한다. 고생을 두려워하지 않고, 오로지 자기 자신에 의지하며 어려운 순간에도 성실과 믿음, 의리를 중시하는 상인 정신(誠實守信 義利幷擧)을 지켜온 진상을 대표할 만한 캐릭터로 관우만 한 인물이 없을 것이다.

윈청은 재물신 관우의 고향이라는 점에서 산시상인, 진상의 정신적 고향이라고 할 수 있다. 그뿐 아니라 윈청의 자연조건도 진상의 발원에 한몫했다. 윈청의 거대한 함수호(鹹水湖)는 초기 상업집단 형성에 최적의 조건을 제공했다. 인류생존의 필수품인 소금은 수천 년 전부터 대단히 귀한 특산품이었다. 바다가 없는 내륙지방에서는 천연상태의 소금인 '염'(鹽)과 자연에서 채취한 '노'(滷)를 통해 소금을 구했다. 소금기를 머금은 함수호는 천일염을 생산하는 주요 기지였던 것이다. 춘추시대부터 이곳 윈청의 함수호에서 생산되는 소금을 전매하는 상인들이 출현했다. 소금거래에 나선 상인들, 그들이 진상의 기원이다.

지형적 조건은 진상의 형성과 발달에 빼놓을 수 없는 중요 요소이다. '산시'(山西)는 타이항산맥(太行山脈)의 서쪽에 있다고 해서 붙여진 지명이다. 타이항산맥은 산시와 허베이(河北)를 지나는 험준한 산악지대로, 남북 약 600km, 동서 250km에 걸쳐 있어 '중국의 그랜드캐니언'으로도 불린다. 이 산맥의 동쪽이 산둥(山東)이다.

타이항산맥의 서쪽은 해발 2천 미터가 넘는 산악고원지대다. 따라서 산시는 근대 석탄업 등이 발달하기 시작했지만 자연히 농사보다는 상업이 발달할 수밖에 없었다.

중국상인의 뛰어난 상술은 이미 유명하지만, 중국상인을 한 가지 부류로 뭉뚱그려 이야기할 수는 없다. 지역에 따라 다른 특성을 가진 상인집단들이 나타나 중국 경제를 이끌어 왔고 그런 만큼 상방(商幫)의 역사에 따라 중국상인들의 상술도 전혀 다르다.

명청 시대 중국의 양대 상방인 진상과 휘상(徽商) 역시 두드러진 특징이 있다. 진상으로 불리는 산시상인들과 휘상으로 불리는 안휘(安徽) 상인들은 척박한 자연환경 때문에 외지에 나가서 장사하는 일을 두려워하지 않았다. 차이점이 있다면 산시사람들은 장사를 제일로 쳤기 때문에 총명하고 뛰어난 사람들은 어릴 때부터 장삿길로 나섰지만 안휘사람들은 관직에 나가는 것을 더 명예롭게 여겼다는 점이다. 그래서 상업으로 축재한 휘상에게 장사는 일종의 수단이었고, 관직을 얻는 것이 최고의 영예였다. 청대 건륭제에서 가경제에 이르는 70여 년간 휘상의 자제 중에서는 265명이 과거를 통해 관직에 나간 반면, 진상의 자제는 22명에 불과했다는 통계는 진상과 휘상의 인식차이를 극명하게 보여준다.

진상을 이야기할 때 빼놓을 수 없는 것이 바로 교(喬) 씨 집안의 대저택, '교가대원'(喬家大院)이다. 교가대원의 웅장한 자태는 약 260년 전, 낙타몰이꾼을 하던 차오즈용(喬致庸)과 그 아들 차오구이파(喬貴發)가 상인으로서 거둔 큰 성공을 여실히 드러내준다.

타이위엔에서 핑야오현으로 가는 길목인 진중(晉中) 시 기현(祁縣)에 위치한 교가대원은 청말 건륭제 때 지어진 대저택으로 대지가 10,642m², 건축면적이 4,175m²에 이르며, 6개의 대원(大院)과 20개의 소원(小院), 313칸의 방으로 구성되어 있다. 조선시대 사대부가 지을 수 있는 최대 규모인 아흔아홉 칸 저택을 떠올리면 이해하기 쉬운데, 청말 북방 민가의 건축양식을 잘 지녔다는 평가를 받는다.

청말, 측천무후와 광서제가 베이징을 함락한 8개국 연합군을 피해 험준한 타이항산맥을 넘다가 이곳 교가대원에 묵었다고 한다. 그때 이들을 극진히 대접한 차오구이파는 이후 막대한 보상을 받았다는 이야기도 전해온다.

그보다 교가대원이 더 널리 알려지게 된 결정적 계기는 장이머우(張藝謀) 감독의 영화 〈홍등〉(紅燈)의 배경이 되면서부터다. 중국의 봉건적 가부장제 질서 안에서 질식되어 가는 한 여인의 삶을 그려낸 이 영화는 주인공 궁리(鞏俐)의 연기도 극찬을 받았지만 장이머우의 뛰어난 연출로도 세계적 호평을 받았다.

〈홍등〉의 촬영지로 교가대원은 완벽했다. 미로처럼 복잡한 내부는 끊임없는 불안감을 절로 자아냈고, 수직으로 내뻗은 복도와 담장은 숨막히는 권위를 그대로 드러냈다. 삭막한 무채색조의 건물 위로 빨간 홍등이 내걸리면 그곳이야말로 전근대사회의 억압과 부조리 그 자체로 보이기까지 했다. 영화는 단 한 번도 교가대원 밖을 보여주지 않는데, 마치 이 대저택이 영화의 서사 그 자체로 보일 정도이다.

이 아름답고 훌륭한 영화가 세계적 상찬을 받으면서 교가대원을 찾는 발걸음도 늘었다. 이후 교가대원을 제목으로 한 드라마가 촬영되기도 했다. 내가 찾은 교가대원은 현재 박물관을 겸해 인기 관광지가 되어 있었다. 그러나 한 시대를 풍미하며 황제를 대접하거나 그 위세만으로 사업을 성사시켰던 상인가문의 힘은 찾아볼 수 없었다. 장이머우 감독의 시선에 포착된 것처럼, 산시를 기반으로 한 진상의 위엄도 전근대사회의 유물로 박제되어버린 것일까.

실제 중국사회를 들여다보면 그렇지만도 않다.

시진핑(習近平)과 후진타오(胡錦濤)의 후계자 자리를 두고 경쟁하다

교가대원이 더 널리 알려지게 된 결정적 계기는
장이머우 감독의 영화 〈홍등〉의 배경이 되면서부터다.
© baidu

가 스캔들로 몰락한 보시라이(薄熙來) 전 충칭 서기는 산시 딩샹(定襄)이 고향인 중화인민공화국의 혁명 1세대 원로인 보이보(薄一波) 전 부총리의 아들이다.

마오쩌둥은 중화인민공화국을 건국하면서 초대 재정부장에 보이보를 임명했는데 이는 산시가 청말 금융의 중심지였다는 점을 인식하고 '진상'의 피를 이어받은 보이보에게 신중국의 '돈줄'을 맡긴다는 뜻이 담긴 인사가 아니었을까.

진상의 근거였던 표호가 무너지면서 '진상의 시대'는 다시는 부활하지 않았다. 두려움을 모르는 산시상인들의 도전정신과 기업가정신, 뛰어난 상술 등은 개혁개방 이후 그다지 두각을 나타내지 못하고 있다. 전당업에서 시작된 산시 표호가 근대은행의 전신으로까지는 성공적으로 성장했지만 제국주의 열강들의 중국 침략과정에서 몰락해버린 후 산시상인의 재기는 아직 성사되지 않았다. 개혁개방 이후 우리나라보다 더 자본주의적인 경제논리를 앞세우는 지금의 중국에서 장사를 제일로 여기는 산시상인들이 전면에 재등장하는 것은 시간문제다.

혹은 보시라이의 야망이 하루아침에 무너지지만 않았더라도 산시의 미래가 달라졌을지도 모른다.

중국 최대의
석탄 산지, 산시!
석탄,
그것은 검은 흙,
검은 황금이었다.

3

山西 煤炭

산시 석탄

1   석탄대성

중국 속담에 "산시(山西)로 통하는 길이 막히면 '고귀한' 베이징 사람들이 모두 얼어 죽는다"는 말이 있다. 이는 산시에서 생산되는 석탄을 제때에 베이징으로 운송하지 못하면 베이징에 사는 황제를 비롯한 고관대작들은 물론이고 베이징사람들이 난방을 하지 못해 겨울을 나는 데큰 곤란을 겪게 된다는 뜻이다. 이 속담은 지금도 유효하다. 산시에서 생산되는 석탄 수급사정에 따라 베이징은 물론이고 베이징을 둘러싸고 있는 허베이(河北)와 톈진(天津) 지역의 난방과 전력사정이 직접적 영향을 받는다. 요즘은 아예 산시에 화력발전소를 건설해놓고 이들 지역에 직접 전력을 공급한다.

그런데 주변지역에 전력을 공급하는 '석탄대성'(煤炭大省) 산시가 심각한 전력부족 현상에 시달리고 있다고 한다. 석탄의 최대 산지이자 곳곳에 화력발전소가 즐비하게 들어선 이곳이 제한(制限) 송전을 하는 등심각한 전력난에 시달리는 사실은 아이러니가 아닐 수 없다. 물론 산시의 성도(省都)인 타이위엔(太原)을 비롯한 산시의 주요 대도시에서는 전력부족 현상이 노출되지 않고 있다. 제한송전은 산시의 현(縣)과 진

(鎭)급 이하 중소도시에서 일어나고 있다. 이런 중소도시와 작은 마을에서는 제한송전에 대한 사전예고도 없이 하루에도 몇 차례씩 전기가 끊기는 일이 허다하다. 석탄의 주요 산지인 산시가 전력부족 현상을 겪는 것은 산시에서 생산하는 전력의 대부분을 수도 베이징과 인근 주요 공업지역으로 송전하고 있는 데다 중국의 급속한 경제발전에 따른 전력수요 급증과 이에 따른 석탄가격 상승, 석탄재고 부족 등의 요인이 복합적으로 얽혀 있다.

석탄은 산시의 산업발전과 분리할 수 없는 존재다. 산시에서 제철업과 제염업이 일찍부터 발달한 것도 석탄이 있었기 때문이고, 국수문화가 화려하게 꽃핀 것도 석탄 덕분이다. 강한 화력을 조리기술에 이용할 수 있었기 때문에 빠르게 조리해 간편하게 먹는 면 요리의 발전이 가능했다. 무엇보다도 산시 곳곳의 탄광에서 일하는 광부들이 가장 좋아한 음식이 바로 국수다. 국수의 대중화와 석탄산업의 발달궤적은 떼려야 뗄 수 없는 관계를 맺고 있다.

인류가 석탄을 이용한 역사는 인류문명의 역사와 거의 일치한다. 인간이 석탄을 사용하기 시작한 것은 약 3천여 년 전부터였다. 인류가 석탄을 이용했다는 기록은 기원전 315년, 그리스 철학자 테오파라투스 (Theophrastus)가 남긴 문헌이 최초로 알려져 있다. 테오파라투스는 B. C. 315년 《암석학》을 통해 '북부 이탈리아의 리구리아(Liguria) 지방과 그리스의 엘리스(Elis) 지방에서 채탄한 석탄을 대장간에서 연료로 사용했다'고 기록했다.

중국에서의 석탄은 조조와 유비가 천하쟁패를 두고 각축을 벌이던 기원후 4세기 무렵 '석탄'(石炭)이라는 한자어가 처음으로 등장하면서 시작된다. 이때쯤부터 석탄 사용이 보편화되기 시작했으리라고 추측한다. 이후 북송(北宋) 시대에 이르러 석탄을 가정용으로 사용했다는 기록이 있고 이때부터는 국가가 직접 석탄 생산과 판매를 관리하면서 세

"한겨울에 산시로 통하는 길이 막히면 고귀한 베이징사람들은 모두 얼어 죽는다."
세계의 석탄업계는 중국을 바라보고 중국 석탄업계는 산시를 주시한다.

금도 부과하기 시작했다. 북송은 석탄전매(專賣)제도를 처음으로 도입, 민간이 자유롭게 석탄을 채굴하거나 사고팔 수 없도록 엄격하게 관리했다. 이 같은 석탄전매제는 세계 역사상 중국에서 처음으로 탄생했고 당시 북송왕조는 석탄을 국고수입의 주요 재원으로 삼았다.

원대(元代)에 이르자 석탄전매제는 보다 엄격하게 시행됐다. 원나라 조정은 토호 등 지방의 권력자들이 사적으로 탄광을 차지하거나 채굴해서 처분하는 행위를 금지했고, 이는 석탄산업을 비약적으로 발전시키는 계기로 작용했다. 대신 조정은 탄광을 개발하기 위해 땅을 사고 점유하는 행위를 허용하는 등 광업활동 장려에 나선다. 당시 조정은 직접 베이징의 시산(西山)지구에서 탄광개발 계획을 수립하고 진커우허(金口河)에서 탄광을 개발하기도 했지만 운송수단이 미비해 수익을 올리는 데 성공하지는 못했다. 당시 탄광은 정부가 직접 관리하는 '관영탄광'(官鑛)과 권력층이 운영하는 탄광, 그리고 그 지역의 지주급 사원이나 승려가 운영하는 민영탄광 등 3가지 유형이 있었다.

1530년, 명(明) 조정은 '어느 산이든 수익이 있다면 민간인의 채굴을 허용한다'는 내용의 조례를 선포했다. 산시와 허난(河南), 산둥(山東), 허베이 등지가 주요 석탄생산지로 각광을 받기 시작했다. 탄광개발은 청대(淸代)에 본격화되기 시작했다. 탄광은 관영탄광과 지주나 부자가 투자, 경영까지 도맡거나 공동투자 형식의 민영탄광이라는 두 가지 형태로 발전하기 시작했다. 이밖에 군대가 탄광개발에 나선 '군광'(軍鑛)도 있었다.

산시에서 탄광개발이 기업화되기 시작한 것은 엄밀히 따지면 근대 이후였다. 산시의 광물 자원에 주목한 서양인들은 석탄매장량 등의 조사에 나섰고 무한한 석탄매장량을 확인한 19세기부터 '석탄채굴권'을 둘러싸고 치열한 각축을 벌였다. 산시의 석탄매장량 조사에 가장 먼저 나선 것은 미국인 펌펠리(Pumpelly)와 독일인 리히트호펜(Richthoben)

이었다. 이들은 1862년부터 1904년까지 40여 년 동안 산시 전 지역을 조사했다. 리히트호펜은 다퉁(大同)과 진청(晋城)지역 10여 곳의 탄광 석탄매장량을 조사한 후 석탄매장량이 무려 1억8천9백만 톤에 이른다고 밝혔다. 인류가 1,300년 동안 쓸 수 있는 엄청난 규모였다. 그때부터 '검은 황금'으로 불리기 시작한 산시석탄을 둘러싸고 서구열강들의 각축전이 시작됐다. 1897년 이탈리아 상인 로사티(Rosati)는 '복공사' (福公司)를 설립, 청나라 조정으로부터 60년간의 산시 내 석탄채굴권을 확보했다. 헐값에 외국인에게 산시의 석탄채굴권을 넘긴 것에 대해 반발한 중국인들이 '보진운동'(報進運動)을 벌였다. 분노한 산시사람들이 로사티와의 계약을 파기하고 채굴권을 되돌려줄 것을 요구하고 나서자 이에 청나라 조정은 뒤늦게 백은(白銀) 250만 냥을 주고 복공사와 맺은 계약을 파기하고 채굴권을 산시정부에 되돌려줬다.

석탄채굴권을 되돌려 받은 산시정부는 곧바로 '산시성 보진광무유한 공사'를 설립, 독자적인 석탄 채굴에 나섰다. 그러나 공사는 자금난에 봉착해 현대식 설비를 도입하지 못하고 심각한 경영난을 겪다가 항일 전쟁이 한창이던 1937년 파산하고 말았다.

"세계의 석탄업계는 중국을 바라보고 중국 석탄업계는 산시를 주시한다"는 말이 있다. 산시에서 대형탄광사고가 발생, 일시적으로 석탄 생산량이 감소하면 중국 전역의 전력사정이 나빠질 뿐만 아니라 세계 석탄 가격 역시 동반상승하기도 한다는 말이다.

실제상황이다. 2009년 기준으로 채굴 가능한 중국의 석탄매장량(역 청탄과 무연탄, 아역청탄, 갈탄 포함)은 1,145억 톤으로 전 세계 석탄매장 량의 13.9%를 차지한다. 중국은 세계 3위의 석탄국가다. 실제 생산량으로는 중국이 세계 1위를 차지하고 있다. 2009년 중국의 석탄생산량은 30억5천만 톤으로 전 세계 석탄생산량의 절반에 가까운 43.9%에 이르렀다(자료: BP Statistical Review of World Energy 2010). 2위인 미국에 비해 생산량이 2배나 많다.

중국을 '석탄대국'(煤炭大國)이라고 부른다면 산시는 '석탄대성'(煤炭大省)이다. 《중국 석탄산업 연감》(China Coal Industry Yearbook)에 따르면 중국의 유연탄매장량(추정)은 8,894억 톤. 그중 네이멍구(內蒙古)와 산시, 허베이 등 3개 성의 매장량이 중국 전역의 49.7%를 차지한다.

산시의 석탄매장량은 2천6백억 톤으로 전 중국 석탄매장량의 3분의 1에 이르는 엄청난 규모를 자랑한다. 고가(高價)의 제철용 석탄인 점결탄이 산시에 집중되어 있는 것도 특징이다

중국의 에너지원 중에서 석탄이 차지하는 비중이 무려 76%에 이른다는 점을 감안하면 개혁개방 이후 중국의 경제성장을 견인하고 있는 핵심 에너지자원은 석탄이라고 해도 과언이 아닌 셈이다. 석유와 원자력, 풍력, 천연가스 등의 다른 에너지원의 비중이 점차 늘어나고는 있지만 이를 모두 합쳐봐야 24%에 불과하다.

중국의 석탄 생산과 소비는 개혁개방 이후 서서히 증가하기 시작하다가 2000년대로 접어들면서 가파르게 상승하고 있다. 1990년 10억 7,990만 톤이던 석탄생산량은 2005년 22억473만 톤으로 두 배 이상 증가하면서 사상 최고 수준에 이르렀다. 이는 전력 생산에 석탄을 이용한 화력발전의 비중이 높아지고 있다는 것을 의미한다.

다른 국가에 비해 지나치게 석탄의존도가 높다는 지적을 받기도 하지만 여전히 중국은 전 세계에서 석탄매장량이 가장 많기 때문에 당분간 석탄을 주 에너지원으로 하는 중국의 에너지산업 구조는 큰 변화가 없을 것으로 보인다.

2 '산시 석탄대왕'의 몰락

2010년 9월 27일, 전 중국이 발칵 뒤집혔다. '산시 석탄대왕' 장신밍 (張新明)에 대한 수배령이 내려진 것이다. 허난 공안청은 진예그룹 (金業集團) 회장 장신밍의 해외 불법출입국 시도를 포착했고, 이에 현상금을 걸어 수배령을 내렸다.

장신밍은 한때 '산시 석탄대왕'으로 불리는 메이라오반 (煤老板, 석탄 부자)이었다. 중국판 포브스 〈후룬〉 (胡潤)이 선정한 '2005년 중국의 에너지부호 순위'에서 그는 1위를 차지했다. 이 순위에는 장신밍 외에도 산시의 석탄부자 8명이 상위권에 대거 포진해 있었는데, 그중에서도 그가 단연 으뜸으로 호명된 것이다.

장신밍은 개혁개방의 바람을 타고 재빨리 기회를 포착, 탄광개발과 석탄운송업을 기반으로 부를 축적하는 데 성공한 전형적인 '산시 메이라오반'이다.

산시의 작은 농촌마을에서 태어난 그의 성공과 몰락 스토리는 많은 산시사람들의 입에 회자된다. 그의 고향은 산시에서 탄광도시로 유명한 구자오시 (古交市) 허커우전 (河口鎭) 우얼마오춘 (吾儿峁村)이다. 양치기의 아들로 태어난 그는 1980년대 후반 고향의 한 탄광에서 광부로 일하면서 일찌감치 석탄과 인연을 맺었다.

하지만 장신밍은 광부로 초라한 인생을 사는 것에 만족하지 못했다. 개혁개방 이후 석탄수요가 급속도로 늘어난 것을 포착한 그는 1990년대 초반 석탄운송회사를 차렸다. 그의 야심을 뒷받침해준 것은 성실함이었다. 새벽부터 밤늦게까지 부지런하게 일한 그의 사업은 석탄운송업의 호황을 타고 술술 풀렸다.

어느 정도 부를 축적한 그는 타고난 사교성과 친화력으로 사람들을 사귀기 시작했다. 실질적 권력기관인 무장경찰부대의 간부들은 물론이고 공산당 고위 간부에 이르기까지 '꽌시'(關係) 형성에 온 힘을 다했다. 중국에서 꽌시를 형성했다고 하면 그건 곧 성공가도 위에 올라섰음을 의미한다.

1995년 산시 화베이황진실업공사(山西華北黃金實業公司)라는 회사를 설립해 사세를 확장했다. 사회주의 시장경제 체제에서 당과 군 간부의 전폭적인 비호는 보장된 성공을 뜻했고, 그는 떼돈을 벌었다. 장신밍이 운영하는 회사의 차량은 모두 군대번호판을 달고 다녔고, 그와 꽌시를 맺은 고위 간부들이 너나없이 그를 보호하고 나섰기 때문에 지역 주민들은 그를 군 간부로 착각하기도 했다.

산시의 석탄을 독점적으로 운송한다고 할 만큼 몸집을 불린 장신밍은 불법으로 무허가 탄광개발에도 나섰다. 이때 설립한 것이 '산시 진예우이유한공사'(山西金業物貿有限公司)로 오늘날 진예그룹의 전신이다.

2000년, 장신밍의 눈에 또 하나의 기회가 포착되었다. 석탄 경기가 되살아나면서 산시 정부는 석탄가공품인 코크스(焦炭)를 중점육성품목으로 선정하고 전폭적인 투자를 시작한 것이다. 장신밍은 회심의 미소를 지었다. 그의 고향 구자오시는 산시에서도 코크스 산지로 유명했기 때문이다.

이미 구자오시는 성 정부의 중점투자지역으로 낙점받았고, 장신밍은 대규모 코크스 가공공장을 설립할 계획을 제출한다. 정부의 재정지원과 은행대출로 그는 100만 톤 규모의 코크스공장과 180만 톤 규모의 세탄(洗炭) 공장을 설립하기에 이른다.

과연 장신밍의 사업적 선견지명은 남달랐다. 중국경제가 빠르게 성장하면서 2002년 말 코크스 가공공장 투자열풍이 불었고, 폭발적으로 늘어나는 철강수요에 필수적인 코크스가 부족하자 가격은 두세 배씩 뛰어올랐다.

그는 다시 대출을 받아 공장규모를 2배 이상으로 확장했다. 코크스는 철강을 생산하는 데 절대적으로 필요했다. 그는 "2003년과 2004년, 2년 동안 코크스 1톤당 최소 200위안을 벌었고 최고치는 이보다 훨씬 더 높았다"고 털어놓기도 했다.

공장의 규모를 200만 톤급으로 확장함과 동시에 120만 톤 생산수준의 코크스 탄광도 확보했고, 이로써 코크스 공장의 원료 공급도 걱정할 필요가 없었다. 코크스탄 수송을 위한 3.8km에 이르는 철도수송노선도 별도로 건설했고, 10여 개소의 탄광과 운수회사, 세탄공장, 부동산개발회사 등도 거느리게 됐다.

2005년 마침내 그는 산시 석탄대왕의 자리에 올랐다. 그를 뒷받침한 것은 그가 형성한 꽌시(關係)이다. 그는 원하는 바를 적절하게 표현할 줄 알았고, 사세의 확장과 꽌시의 확장을 함께 할 줄 아는 노련한 사람이었다. 거미줄같이 엮어놓은 꽌시를 활용하는 능력과 친화력은 기본이었고, 주도면밀하게 준비된 공손함과 거액의 뇌물이 일의 성사도를 100%로 끌어올렸다. 모든 것이 그의 편이었고 그가 나서면 되지 않는 일이 없을 정도로 모든 일이 순조로웠다.

2004년부터 중국의 경제전문 주간지인 〈신차이푸〉(新財富)가 발표한 중국의 100대 부자 명단에 그의 이름이 오르기 시작했다. 2004년,

자산 13억 위안을 가진 그는 112위에 랭크되었는데, 2005년 3월 진예그룹의 자산규모가 29억9천만 위안으로 전년도에 비해 두 배 이상 증가하면서 순위도 37위로 껑충 뛰어올랐다. 1년 동안 무려 자산이 17억 위안이나 늘어난 것이다. 하루 평균 460만 위안을 벌어들인 셈이었다.

석탄 부자 장신밍은 '구름이 필요하면 구름을 얻고, 비가 필요하면 비를 얻는' 전지전능한 입지를 다진 듯 보였다. 2004년과 2008년에 있었던 두 차례 검찰의 조사에서 그의 부패혐의와 흑사회 조직과의 연루 의혹이 제기되었지만 사법부와 공안 및 정계인사들과 돈독히 맺어놓은 꽌시 덕에 무사히 빠져나왔다. '타이위엔의 제 2부장'이라는 별칭이 괜히 나온 것이 아니었다.

'진상은행(晋商銀行) 사건'도 유명하다. 진상은행의 전신인 타이위엔 상업은행의 행장 우위엔인(吳元因)이 2005년 수뢰혐의로 기소되어 17년형을 선고받았다. 그가 받은 50만 위안의 뇌물에는 장신밍도 깊이 관여되어 있었던 것으로 밝혀졌다. 진예그룹의 주거래 은행이 바로 이 상업은행이었고, 중국 〈신화통신〉의 보도에 따르면 "진예그룹의 장 모 회장이 2002년 춘절과 2003년 추석 각각 10만 위안의 인민폐와 10만 홍콩달러를 보냈고 이에 우 전 행장은 진예그룹에 대한 대출을 해줬다"는 것이다. 뇌물을 받고 특혜대출을 해준 것이다.

이 수뢰사건으로 상업은행은 어마어마한 액수의 대손(貸損)을 보고 파산지경에 몰렸다. 이에 산시정부는 개혁조치를 통해 상업은행을 '진상은행'으로 탈바꿈시켜 일을 마무리지었다. 대형 금융사고의 배후에 장신밍이 연루돼 있었고, 그 사실은 이미 천하에 알려졌지만 그는 건재했다. 2006년 말 그가 맡고 있던 산시 인민대표회의 대의원을 물러나는 것으로 모든 사건은 수습된 것이다.

하지만 그의 벼락같은 성공은 그가 가진 정치적 배후세력 등의 요란함에 힘입어 과장된 측면도 있었다.

〈후룬〉(胡潤)의 부자순위에 모습을 드러낸 진예그룹의 2005년 총 매출은 20억 위안, 수익은 6억 위안이었으나 실제 영업수익은 9억4천3백만 위안으로 총매출의 절반에도 못 미쳤고, 실수익은 -3천6백억 위안으로 적자를 기록했다. 또 중국 내에서의 평가와 달리 〈포브스〉의 2006년 중국부자 순위에서 장신밍은 163위에 그쳤다. 〈후룬〉의 2006년, 2007년 부자 순위에서도 그는 324위와 554위로 떨어졌다.

또한 장신밍은 어느 순간부터 사업자금 조달마저 위태로워진 것으로 보인다. 위기에 처한 그는 진예그룹의 증시 상장에 마지막 희망을 걸고 2007년부터 자신의 ST타이푸(泰復)와 ST웨이다(威達), 다퉁옌치(大通燃氣) 등 3개 기업을 증시에 상장, 매각하려고 했다. 하지만 모두 증시 상장에 성공하지 못했다.

진예그룹의 한 내부인사가 중국 언론에 털어놓은 바에 따르면 진예그룹은 2008년부터 수입이 지출을 감당하지 못할 지경에 빠졌다고 했다. 그러자 회사는 2008년 말부터 2009년 초까지 대대적인 감원을 단행했고 각 관리 분야에 한 사람씩만 남겨놓으면서 직원을 절반 가까이 줄였다.

2008년 단행된 산시 2차 석탄산업 구조조정도 진예그룹에 큰 타격을 입혔다. 규모가 크기는 했어도 민영기업인 진예그룹은 석탄산업 구조조정의 합병주체 자격을 획득할 수가 없었다. 장신밍은 자신이 소유하고 있던 수많은 탄광과 석탄관련 기업들을 국영기업에 통폐합시키지 않을 수 없었다. 그가 키워온 진예그룹이 앉은자리에서 헐값에 합병당할 위기에 처한 것이다. 합병 당사자였던 산시 둥메이(東煤)그룹과의 협상은 비극적이게도 80억 위안에 이르는 회사 자산을 절반인 40억 위안도 못 받은 채 넘겨야 하는 것으로 결론이 났다.

장신밍의 왜곡된 지출구조도 생각해 볼 문제이다. 당과 군, 공안 등 권력기관과의 꽌시를 유지해야 했던 그는 늘 수입을 초과하는 지출을 해야 했다. 그는 친분이 두터운 고위인사들을 위해 늘 현금을 가지고 다녔다. 그의 사무실 비밀금고에는 늘 수천만 위안의 현금이 있었고 자동차에도 거액의 현금을 싣고 다녔다. 구름과 비를 자유자재로 부를 수 있을 것만 같던 그의 힘은 바로 이 검은돈에 있었다. 그가 현금과 더불어 나눠준 주식도 결국 감당할 수 없을 정도로 진예그룹을 압박했다.

하지만 장신밍과 진예그룹을 몰락의 구렁텅이로 처넣은 진짜 이유는 따로 있었다. 언젠가부터 장신밍을 둘러싼 도박 관련 구설수가 끊임없이 사람들의 입에 오르내렸다. 장신밍을 비롯해 산시의 라오메이반들은 이른바 '석탄 폭발호'(暴發戶, 폭발하듯이 부자가 된 사람)였다. 이들은 갑자기 수중에 들어온 어마어마한 액수의 돈을 주체하지 못하고 흥청망청 쓰는가 하면, 마카오나 홍콩 등지에서 도박으로 탕진하기 일쑤였던 것이다.

장신밍의 사업적 순발력이 도박에서는 통하지 않았는지 그는 빈번한 원정도박으로 빚더미에 올라앉았다. 사업자금을 모두 도박에 쏟아 부었고, 투자를 하겠다고 벌여놓은 일의 배후는 모두 도박자금 아니면 도박빚과 관계되어 있었다. 그가 예전에 산시 진청시(晉城市)에 있는 다닝 진하이(大寧 金海) 탄광주식에 투자한 적이 있는데, 이곳은 면적이 50㎢에 이르고 연간 300만 톤의 석탄을 생산하는 대형탄광이었다. 나중에 이곳에 투자한 자금을 잃었다는 소문이 나돌았는데 사실은 이 자금을 모두 도박에서 잃었다는 추측까지 나돌고 있다.

뿐만 아니다. 2009년 중국 네티즌 사이에 '사상 최악의 차용증서'라는 제목으로 화제가 된 사건이 있었다. "7천만 위안을 2009년 1월 20일 오후 6시까지 갚지 않거나 갚을 수 없다면 매일 5백만 위안의 이자를 내야 하고 연간 이자는 총 18억 위안이다"라는 내용의 이 터무니없는 차용증서를 발급한 사람이 바로 장신밍이라는 것이다.

부채에 시달리던 장신밍은 합작사업을 핑계로 치우사오홍(裘曉紅)

석탄대왕의 몰락은 메이라오반이 얻은 폭발적 성공의 당연한 귀결이었다.

ⓒ baidu

이라는 사업가를 산시 타이위엔의 궈마오(國貿) 호텔로 불렀다. 치우 씨는 이 호텔 40층에 이틀 동안 감금되어 온갖 협박을 받았고, 말도 안 되는 차용증서에 도장을 찍고서야 빠져나올 수 있었다는 이야기이다. 물론 인터넷상에 떠도는 루머지만 장신밍의 자금사정이 얼마나 위태로웠는지 추측하게 하는 측면이 있다.

이런 그에게 불법출입국 혐의의 수배령이 내린 것은 당연한 수순일지도 모르겠다. 사실 너무 늦은 것일지도. 2008년 그와 진예그룹에 실시된 사정당국의 공식조사는 끝났지만 내사가 계속 진행되고 있었고, 그래서 장신밍은 위조여권을 만들어 '주레이'(朱磊)라는 가짜이름으로 해외도박원정을 해온 것이다.

장신밍이 체포됐다는 소식은 아직 들리지 않고 있다. 그는 자신의 구명을 위해 과거 자신이 맺었던 꽌시를 총동원, 재기를 위해 동분서주하고 있을지도 모르겠다. 해외로 빼돌린 자금 등 그의 수중에는 여전히 현금이 많다는 소문도 있다. 그의 최근 행적은 드러나지 않았지만 산시에서는 장신밍이 중국 내에 있는 것은 틀림없으며 진예그룹을 되살리기 위해 다른 기업들과 매각 협상을 하고 있을 것이라는 소문까지 나돌고 있다.

여전히 그는 산시의 메이라오반은 물론 산시에서 신화 같은 존재로 남아 있다.

2012년 5월 11일, 장신밍은 베이징의 한 언론을 통해 그동안 나돌던 자신에 대한 소문을 해명하고 나섰다.

"저는 지금껏 줄곧 회사업무를 처리하고 있었으며, 도피하거나 실종되거나 구속되지 않았습니다."

이 같은 장신밍의 근황에 대해 잘 알고 있는 한 인사는 "산시에서는 지금까지 장신밍의 출국금지 조치가 해제되지 않았고 누구도 그가 출국할 수 있도록 그 조치를 해제하지도 않았다. 만일 그렇다면 그들 모두가 책임져야 했을 것"이라고 말했다.

장신밍은 여러 차례 당국의 조사를 받았지만 여전히 그의 행방은 알려져 있지 않았다. 그의 휴대전화는 정지되지 않은 채 살아 있지만 이 번호로는 그와 통화할 수 없다. 그는 아마 전화번호를 바꿔서 지인들과 통화하는 것으로 보인다.

3 '메이라오반', 산시 폭발호

일확천금을 앞에 두고 어찌할 바 모르고 허둥대는 그들,
안전사고가 터지면 어찌할 바 모르고 허둥대는 그들,
호화·사치의 대명사인 그들,
물 쓰듯 돈을 써서 종종 언론에 오르내리는 그들,
하지만, 공공도로를 닦는 데 돈을 기부하고,
가난한 아이들을 위해 장학금도 내는 그들,
그들은 누구인가.

중국의 한 언론이 '산시 메이라오반'(山西 煤老板)을 정의한 글이다. 산시 메이라오반들은 진상의 후예로서 '신진상'(新晉商)으로 불린다. 그러나 이들을 바라보는 중국인의 시선은 차갑다. 그들은 사치와 무식의 대명사로 자주 언론에 등장하곤 한다. 자신들의 조상들과 달리 이들은 왜 조롱과 멸시의 대상으로 전락한 것일까?

개혁개방 이후 갑자기 벼락부자가 된 사람들을 중국에서는 바오파후(暴發戶), 즉 '폭발호'라고 부른다. 폭발하듯이 부자가 된 사람들, 여기에는 언제 터질지 모르는 시한폭탄 같은 존재들이라는 부정적인 의미도 함께 담겨 있다.

폭발호 중에서도 산시 메이라오반은 아주 특별한 집단으로 취급된다. 그들은 베이징과 상하이는 물론이고 저장(浙江)의 닝보(寧波)와 원저우(溫州) 등 중국 대도시의 부동산을 싹쓸이해 유명세를 떨쳤다. 그들이 아파트를 사는 방식은 독특하다. 예를 들면 아파트의 한 단지, 혹은 한 동 전체를 사들인다.

또 그들은 고급 자동차를 사기 위해 베이징까지 간다. 중국의 수도인 베이징에 있는 물건들이 '황제의 기운'을 가지고 있다고 믿기 때문이다. 1999년부터 베이징 자동차 박람회에서는 해마다 신분노출을 꺼리는 부자들이 고급 외제차를 싹쓸이해 갔는데, 산시 한 신문사의 기획취재에 따르면 대부분이 산시의 메이라오반이었던 것으로 드러났다. 2009년 3월 산시의 한 메이라오반은 시가 1백만 위안(한화 1억8천5백만 원)이 넘는 외제차를 한꺼번에 20대를 사들여 언론의 뭇매를 맞은 적이 있고, 타이위엔(太原)의 한 메이라오반은 각기 다른 색깔의 롤스로이스를 가지고 있다는 사실이 알려지면서 '산시 메이라오반답다'는 비난을 받기도 했다.

산시 메이라오반에 대한 일반적인 생각은 다음과 같다.

· 벼락부자다.
· 낮은 학력 콤플렉스를 돈으로 극복하고자 한다. 최고급 승용차를 몰고 최신 휴대폰을 사용하며 비싼 것이 무조건 좋은 것이라고 믿는다.
· 80%는 문맹이므로 인터넷을 비롯한 대중매체와는 거리가 멀다.
· 가라오케에서 즐기는 호화로운 유흥이 그들의 유일한 놀이문화다.
· 현금에 대한 애착이 남다르다. 은행을 믿지 않고 자기 집 비밀금고에 현금을 쌓아둔다.

이게 산시 메이라오반의 전부일까? 그들은 정말 어떤 사람일까?

· 농부에서 폭발호로

　몇 년 전, 중국의 한 IT업체를 취재하다가 칭화(淸華) 대학 출신의 젊은 사장을 만난 적이 있다. 베이징의 금융중심가인 궈마오(國貿)에 있는 그의 회사에서 촬영이 진행됐다. 인터뷰와 자료 촬영까지 마치고 난 시각이 오후 4시. 마지막 남은 촬영은 그가 저녁에 해외 유학파인 친구들과 함께 식사를 하면서 최근 동향과 정보를 나누는 장면이었다.

　약속시간인 7시까지는 세 시간 가까이 남아 있었다. 그는 양해를 구하고는 골프 가방을 챙겼다. 시간이 날 때마다 골프장을 찾는 것이 건강을 위해 자신이 할 수 있는 최선의 방법이라고 말하며 함께 가지 않겠느냐고 물었다. 중국의 젊은 사장들이 바쁜 스케줄 속에서 짬을 내 자기 시간을 즐기는 모습을 보고 싶어 나는 흔쾌히 그를 따라 골프장을 갔다.

　시내를 벗어나자, 푸른 초원이 펼쳐졌다. 베이징 같은 대도시에 이렇게 가까이 골프장이 있을 수 있을까 싶을 정도로 큰 골프장이었다. 나와 촬영 스태프는 골프장 클럽하우스에서 차를 마시면서 그를 기다리기로 했다.

　그때, 누군가가 커피숍 안으로 들어오면서 손을 마구 흔들어댔다. 사실 그 사람의 눈에 띄는 옷차림은 등장부터 커피숍 안 사람들의 시선을 사로잡았다. 머리끝부터 발끝까지 비싸 보이는 옷가지와 장신구로 치장한 그는 마치 유랑극단의 삼류 배우 같았다. 그의 차림새는 단연 화려했지만 안목이나 교양이 결여되어 보였다.

　IT업체 사장이 그를 친구라며 소개했다. 활짝 웃으면서 인사하는 그에게서 어딘가 모르게 거드름을 피운다는 인상을 받았다. 그는 '산시에서 사업을 하는 사장'이라고만 자신을 소개했을 뿐, 어떤 일을 하는지 구체적으로 밝히지 않았다. IT업체 사장은 그가 엄청난 부자라고만 넌지시 덧붙였다.

나는 그 말을 듣고 중국 상류층 생활을 취재할 좋은 기회라고 생각했다. 중국 전체인구의 4%에 불과하지만, 우리나라 전체 인구에 버금가는 5천만 명에 이르는 중국의 상류층들은 어떻게 살아가는지 알고 싶었다. 나는 그에게 나의 호기심과 취재 계획에 대해 이야기 하면서 협조해줄 수 있느냐고 물었고 그는 흔쾌히 도와주겠다고 했다. 자신의 친구들과의 정기적인 파티 모임에 초대하겠다는 약속이었다.

　　말로 한 약속이 흔히 그렇듯 그로부터 진짜 초대는 받지 못했다. 그렇게 몇 년이 지났는데 우연히 당시 함께 일했던 스태프로부터 그가 산시 탄광의 사장이었다는 말을 듣게 되었다. 산시 메이라오반에 대해 궁금증을 갖고 있던 나에게는 놓칠 수 없는 기회였다.

　　다시 그에게 연락을 했다. 취재를 허락해 줄 수 있겠느냐는 나의 부탁에 한참을 고민한 끝에 자신의 신분을 노출하지 않는다는 조건 아래 산시 메이라오반의 생활에 대해 솔직히 이야기해 주겠다는 답을 들었다.

　　"사람은 성공과 출세를 원하고, 성공한 사람은 반드시 큰 집과 큰 차, 그리고 미녀를 원한다."

　　다시 만난 그의 첫마디였다. 메이라오반 쩡(鄭) 모 사장은 산시 최대 탄광도시인 다퉁(大同)의 가난한 농부의 아들로 태어났다. 집안이 어려워 초등학교 3학년 때 학업을 중단했다. 초등학교도 졸업하지 못한 농촌 출신의 어린아이는 도시로 나가서 숱한 고생을 겪었다. 이른 새벽부터 채소를 배달하고 석탄을 나르는 일까지 닥치는 대로 해야 했다. 운 좋게 돈을 좀 모은 그는 1992년부터 석탄 중개업을 하면서 돈을 벌기 시작한다. 그는 악착같이 돈을 모았다.

　　1998년 여름, 국가경무위원회(國家經貿委, 한국의 지식경제부에 해당)가 '좌다팡샤오'(抓大放小, 큰 것을 잡고 작은 것을 버린다) 정책을 전면에 내걸면서 중소규모의 국유기업 매각에 나섰다. 그는 기회를 놓치지 않고 그동안 번 돈으로 타이위엔에 있는 탄광 한 곳을 매입했다. 2년 후,

그는 탄광을 담보로 은행 대출을 받아 탄광 3곳과 가스광을 매입하는 등 석탄채탄에서 가공으로까지 사업영역을 확장했다.

그가 들려준 1998년 탄광 매입 당시의 후일담은 아주 흥미로웠다. 국유탄광의 매각입찰에는 10여 명의 민영업자들이 뛰어들었다. 어떻게든 낙찰받아야 했다. 그의 학력은 초교 중퇴가 전부였지만 일찍부터 세상에 뛰어들어 세상 돌아가는 이치는 온 몸으로 체득했다. 먼저 입찰에 참여한 업자들의 뒷조사에 착수했다. 그들은 모두 자신과 같은 농촌출신이었다.

"그들이 돈 많은 부자일지는 모르지만, 차림새는 영락없는 촌뜨기였습니다. 사실 저도 그들과 별반 차이는 없었지만요."

그들과 경쟁해 입찰을 따내기 위해서는 모든 면에서 그들과 달라야 한다는 생각이 들었다. 그는 고심 끝에 베이징에 가서 36만 위안(한화 약 6천7백만 원)이라는 거금을 주고 아우디를 샀다. 그리고 왕푸징(王府井)의 고급 양복점에 가서 양복을 한 벌 맞췄다. 훌륭한 양장을 한 그가 아우디에서 내리자 그를 바라보는 사람들의 시선이 달라졌다. 대접도 달라졌다. 이미 경쟁에서 우위를 점한 것이다.

다음으로 그는 입찰 책임자와의 '꽌시' 맺기에 나섰다. 그는 입찰 책임자가 원할 때마다 자신의 아우디를 빌려줬다. 그를 통해 입찰정보를 미리 입수할 수 있었고, 그 정보가 넘어올 즈음에 그는 아예 자신의 아우디를 책임자의 아들에게 넘겼다.

"결과가 어떻게 나왔는지 짐작할 수 있겠죠?"

2003년, 전력이 부족해 중국 곳곳에서 정전사태가 빚어졌다. 화력발전소의 주 연료인 석탄가격이 급등했다. 그 덕에 산시에서는 탄광 투자 바람이 거세게 불었다. 탄광채굴허가권을 따내기만 하면 돈방석에 오르는 것은 시간 문제였다. 산시 내에서도 개혁개방에 따른 급속한 경제발전에 편승해 벼락부자가 된 폭발호들이 출현하기 시작했다.

성공한 메이라오반의 초기 성공에는 석탄수송도 한몫했다.

이보다 앞서 탄광을 확보하고 가스광까지 사업영역을 확대한 쩡 사장 같은 메이라오반에게는 사업규모를 두 배 이상 확대할 수 있는 호기(好期)가 찾아온 것이다. 1년 사이에 그의 재산은 두 배로 늘어났다. 산시정부가 2차 석탄산업 구조조정에 착수하기 전까지 그는 4개의 탄광을 운영하면서 하루에도 수십만 위안을 벌어들이던 메이라오반이었다.

· 동으로 만든 완두콩, 동완더우(銅豌豆)

산시 메이라오반들은 언론에 노출되는 것을 싫어한다. 스스로 졸부라는 인식을 갖고 있는 데다 언론을 통해 '돈만 밝히는 무식한 집단으로 낙인찍혔다'는 피해의식까지 있다. 역시 익명을 요구한 구(谷)모 씨는 40세의 젊은 메이라오반이다. 그 역시 초등학교만 졸업한 후 세상에 나와서 생존법을 익혔다. 운 좋게도 그는 2001년부터 국유 탄광으로부터 매년 10만 톤의 석탄을 하청 채굴하고 있다. 하청 채탄만으로도 그는 연간 1백만 위안(한화 약 1억 7천만 원)의 돈을 번다. 탄광은 쉽게 떼돈을 벌 수 있는 기회를 제공한다.

"만약 더 큰 욕심을 낸다면 규정을 위반해서 석탄을 (허가받은 것보다) 더 많이 캐내면 돼요. 하지만 그만큼 위험이 도사리고 있는 거죠."

메이라오반 반열에 오른 그는 늘 삶이 불안하다고 고백한다.

"사람들은 우리를 '동완더우'(銅豌豆)라고 부릅니다. 쪄도 흐물흐물거리지 않고, 삶아도 익지 않고, 방망이로 쳐도 깨지지 않고, 볶아도 터지지 않는 단단한 '동(銅)으로 만든 완두콩'이라는 겁니다(蒸不爛、煮不熟、捶不匾、炒不爆、響璫璫一粒銅豌豆)."

이 표현은 원나라 때, 중국전통 희곡 시취(戲曲) 작가 관한칭(關漢卿)이 쓴 글의 일부로, 산시 메이라오반을 '광부들의 피땀을 짜내는 철면피'라고 경멸하고 조롱하는 의미로 사용되고 있다.

"사람들은 우리가 탄광 내 광부들의 안전사고에 주의하지 않는다고 여기는데 그건 오해입니다. 우리가 가장 두려워하는 것이 뭔지 아십니까? 밤늦게 걸려오는 전화벨소리입니다. 전화가 걸려오면 깜짝 깜짝 놀라면서 온몸에 식은땀이 흐를 정도로 긴장합니다. 한밤중의 전화는 탄광의 사고 소식을 전할 때가 많으니까요."

내가 취재한 메이라오반들은 하나같이 자신들이 하루하루 살얼음 위를 걷고 있다고 말하곤 했다. 탄광 사고가 발생하면 사고를 당한 광부에 대한 손해배상은 물론이고, 자칫 잘못하면 공안국에 끌려가서 조사를 받고 감옥에 가는 일이 비일비재하기 때문이다. 구 사장도 탄광을 경영하기 시작한 후 단 하루도 마음 편히 발 뻗고 자본 적이 없다고 털어놓았다.

"돈이 없던 예전에는 밥 한 끼만 배불리 먹어도 행복했습니다. 그러나 지금은 몇 대에 걸쳐도 다 쓰지 못할 큰돈을 번 부자가 됐지만 결코 행복하지만은 않습니다."

'신진상'(新晉商)으로 불리던 메이라오반의 시대는 저물고 있다. 구조조정의 여파로 중소규모 탄광으로 떼돈을 번 메이라오반의 기반은 무너졌다. 일부 메이라오반은 탄광을 매각한 자본으로 금융업 등 다른 사업으로 전환하기도 했다. 무엇보다 산시 메이라오반은 중국 경제성장과 더불어 성장한 폭발호로 '이단아' 취급을 당했다. 중국 최대 포털사이트인 바이두(百度)에서 산시 메이라오반에 대해 '자신의 재산이 새는 것을 싫어하고 세금을 많이 내지 않으려고 하는 데다 그들의 재산도 깨끗하지 않다'고 규정한 것에서도 알 수 있다.

4 '마대녀'의 정체는

2009년 4월 중국 최대의 자동차 박람회인 '상하이 모터쇼'의 마지막 날. 20대 초반의 한 여성이 커다란 마대(麻袋) 가방을 어깨에 메고 행사장에 들어섰다. 마대가방은 농촌출신 도시 노동자인 '농민공'(農民工)들이 고향을 떠나 일자리를 찾아 도시에 갈 때 일용품을 한꺼번에 넣어서 다니는 가방으로 '농민공 가방'으로도 불린다.

세련된 외양과는 어울리지 않게 마대가방을 멘 젊은 여성의 모습은 모터쇼를 보러 나온 많은 사람들의 이목을 끌었다. 사람들의 시선을 아랑곳하지 않고 고급 수입자동차를 둘러보던 여성은 한 수입자동차 부스 앞에 멈췄다. 그리고는 주위를 둘러보다가 마침 지나가던 한 관람객에게 자동차를 배경으로 자신의 사진을 찍어줄 것을 정중하게 부탁했다. 관람객이 별 생각 없이 그녀가 건넨 카메라로 사진을 찍어준 뒤 카메라를 돌려주자 그녀는 고맙다는 인사와 함께, 잠깐 기다려 달라며 자신이 들고 있던 마대가방의 지퍼를 열었다. 그리고는 마대가방 안에 손을 넣어 손에 집히는 대로 뭔가를 한 움큼 집어 건넸다. 놀랍게도 마대가방은 100위안짜리 인민폐로 가득 차 있었다. 그녀가 건넨 것은 수천 위안에 이르는 돈이었다.

때마침 이 장면을 목격한 다른 관람객이 사진을 찍어서 인터넷에 '상하이 모터쇼의 마대녀(麻袋女)'라는 제목으로 사진을 올렸다. 사진은 삽시간에 인터넷상에서 최고의 화제로 떠올랐고 중국 네티즌들은 그녀의 정체를 추적하기 시작하는 등 폭발적인 관심을 모았다. '마대녀'는 며칠간 중국 인터넷 검색순위 1위에 올랐다. 마침내 '인육수색'(人肉搜索)이라는 아이디를 쓰는 한 중국 네티즌이 그녀의 정체를 알아내서 블로그 주소를 공개했다. 그녀는 '국제귀족'이라는 제목을 걸고 블로그를 운영하고 있었다. 그녀의 블로그에는 상하이 모터쇼를 보고 난 뒤의 느낌을 적은 글이 올라와 있었다.

> 오늘 내가 좋아하는 마대가방 안에 돈을 가득 채운 채로 상하이 모터쇼를 보러갔다. 원래 계획은 모터쇼에 전시된 차들 중에서 좋은 차를 한 대 사서 남자친구에게 선물해 그를 놀라게 하는 것이었다. 마침 마음에 드는 MG 명작(名爵) 차가 있었다. 완전 내 스타일이었다. 나는 지나가는 한 여성에게 그 차 앞에서 사진을 한 장 찍어달라고 부탁했다. 고마운 마음에 성의표시를 하려고 나는 마대가방에서 몇 장의 푼돈을 꺼내주었다. 그런데 뜻밖에도 그녀는 돈을 사양했다. 세상 물정을 모르는 사람인가. 돈을 보고도 필요 없다고 하다니. 추측건대, 그녀는 집에 가서 분명 후회했을 것이다. 하하.

그녀의 블로그는 순식간에 네티즌들의 집단 공격을 받았다. 비난과 야유의 댓글이 꼬리에 꼬리를 물었다. 네티즌들은 그녀에 대해 여러 가지 의문을 제기했다. '이 젊은 여성의 정체는 무엇인가?', '마대가방에 담긴 엄청난 돈은 어디서 난 것일까?'

그녀를 둘러싼 온갖 추측과 소문만 난무한 가운데 며칠 후 그녀가 블로그에 글을 올렸다. 그녀는 자신을 공격하는 네티즌들을 향해서도 한

마디 빠뜨리지 않았다.

　　인터넷상에 떠돌고 있는 나의 사진과 네티즌들이 남긴 댓글을 보며 나는
정말 웃음이 났다. 사람들 참 할 일이 없나보다. 나는 돈이 있다. 내 돈 가
지고 내가 쓰는데 무슨 상관이람? 내가 그날 사진을 찍어준 여자에게 '팁'
(小費)을 준 것은 그 사람이 나를 도와준 것에 대한 고마움의 표시를 한 것이
다. 그것이 뭐가 어떻단 말인가? 내가 돈을 펑펑 쓰든 아껴서 쓰든 그것
은 내 맘이다. 나는 돈이 있고, 내 돈을 내가 좋아하는 사람에게 쓰는 것은
당연하다.

　그녀의 안하무인한 행동에 네티즌들은 더욱 분개해 댓글 공세를 이
어갔다. '마대녀에게 남기는 말'이라는 사이트가 만들어졌을 정도였다.
네티즌들은 여기에서 그녀를 향해 욕을 하고 마음껏 공격했다. 그때까
지도 그녀의 정체는 분명하게 드러나지 않았다. 그러던 중 이 사이트에
흥미로운 글이 올라왔다. '마대녀의 고교동창'이라는 제목의 글이었다.
이 글의 주인공은 마대녀가 자신의 남자친구를 빼앗아갔다고 말하면서
도 그녀의 정체를 폭로하는 것은 그녀에게 복수하려는 것은 아니라고
전제했다. 다만 그녀는 집에 돈이 많다는 이유로 허세를 부리고 거드름
을 피우는 그녀에게 따끔한 교훈을 주고 싶다고 덧붙였다.

　　예전에 학교에 같이 다닐 무렵, 그녀는 자신을 '귀족'이라고 불러주는 것을
좋아했다. 자기 집안에 돈 좀 있다고, 자신이 상류사회의 사람이라고 착
각했다. 내가 아직도 생생히 기억하는 것은 그녀의 18살 생일파티 때 놀랍
게도 국내의 아주 유명한 연예인을 초대했던 일이다. 정말 사치가 상상을
초월할 정도였다. 그녀의 학교성적은 아주 나빴다. 연애와 쇼핑 이외에는
할 줄 아는 것이 없었다. 그래서 고등학교도 겨우 2년 다니다가 퇴학당했
다. 하지만 그녀는 자신이 공부에 취미가 없어서 스스로 그만두었다고 말
했다. 정말 구역질이 난다.

고교동창에 의해 드러난 마대녀는 91년생. 모터쇼에서 소동을 일으킨 2008년, 갓 열아홉에 지나지 않았다. 무엇보다 네티즌들의 눈길을 끌었던 것은 그녀의 아버지가 산시 다퉁(大同)의 유명한 탄광기업 사장이라는 사실이었다. 그때 나 역시 그녀의 블로그에 들어가서 그녀가 남긴 글을 읽어봤다. 그곳에 남아 있는 글을 통해 알게 된 그녀는 돈으로 할 수 있는 것은 무엇이든지 다 할 수 있지만, 그 이외의 것은 아무것도 할 수 없는 무미건조하고 무료한 나날을 보내고 있는 청춘, 그 이상도 이하도 아니었다.

며칠 동안 나는 정말 무료했다. 매일 아침 일어나서 쇼핑하는 것도 싫고, 가라오케에 가는 것도 싫증나고, 남자친구와 나이트클럽에서 춤추는 것도 지겹다. 이제 노는 것은 모두 지긋지긋하다. (…) 사는 것이 고독하다. 퇴폐적인 인생… 만약 나에게 자극적인 일조차 없다면 무슨 재미로 살까….

마대녀는 몇 달 동안 중국을 뜨겁게 달궜다. 그녀를 둘러싼 논란의 배경에는 산시 메이라오반(煤老板)이 있었다. 바로 그녀가 산시 메이라오반의 딸로서 메이라오반의 소비행태를 그대로 보여줬기 때문이다. 이런 사실들이 드러나자 네티즌들은 '그럴 줄 알았다'며 더욱 흥분했다. 그러자 마대녀도 자신의 블로그를 통해 자신과 메이라오반이 사회적 경멸의 대상이 된 상황에 대한 불만을 감추지 않았다.

정말 화가 난다. 산시사람은 모두 폭발호라고 한다. 뱃속에 아무런 교양도 들어 있지 않은 무식한 사람들이고, 아무리 돈으로 치장을 해도 촌티를 벗을 수 없는 것이 산시사람들이라고 한다. 정말 열 받아 죽겠다, 흥! 우리가 돈이 많은 것을 질투하는 것일 뿐이다. (…) 모두들 지금이 세계적 경제위기 상황이라는 것을 알고 있을 것이다. 우리 집에만 해도 일하는 사람이 30~40명이나 되고, 우리 탄광에는 수백 명의 광부들이 있다. 봐라.

인터넷에 '상하이 모터쇼의 마대녀'라는 제목으로 올라온 사진.

우리 가족 3명이 수백 명의 사람들을 먹여 살리고 있지 않은가. 우리 산시 사람이 중국인의 절반을 먹여 살리고 있는 것이다. 만약 산시사람이 없다면 얼마나 많은 사람들이 굶어죽을지 알 수 없는 일이다.

모터쇼장에서 마대녀가 보여준 행동은 분명 졸부 이미지를 가진 산시 메이라오반의 왜곡된 소비행태를 보여주는 측면이 있다. 하지만 미숙한 열아홉 살짜리의 행동이 도마 위에 올라 이리저리 난도질당하는 모습 역시 보기에 편안한 광경은 아니었다.

졸부 이미지를 덮어쓴 '공공의 적'이 되기에 그녀는 아직 어리고 불안한 영혼을 지닌 소녀는 아닐까. 나는 지금도 가끔씩 폐쇄된 그녀의 블로그가 다시 열리지 않았을까 들어가 본다. 그 이후 그녀의 '귀족인생'은 굳게 닫힌 채 열리지 않고 있다.

5 흔들리는 산시 석탄산업

· 산시 석탄산업은 구조조정 중

'석탄대성'이라는 명성과는 달리 산시는 석탄을 통해 부를 축적하거나 산시 자체의 경제발전의 동력으로 삼지 못했다. 중국이 세계 2위의 경제대국으로 올라서는 데 산시의 에너지자원이 지대한 공헌을 했음에도 불구하고, 산시는 여전히 중국에서 가장 가난한 성(省) 중 한 곳으로 꼽힌다.

산시의 경제는 전적으로 석탄에 달려 있다고 해도 과언이 아니다. 하지만 산시의 석탄산업은 20세기 초반까지 '중국의 에너지기지' 이상의 위상을 차지하지 못했다.

산시 석탄산업은 구조조정 중이다. 2004년 1차 구조조정이 시행된 뒤 2008년 2차로 국영기업을 중심으로 중소형 탄광들을 합병하는 2차 석탄산업 합리화방안이 실시되었다. 중소형 탄광주들을 중심으로 한 산시 메이라오반들이 대거 채탄권과 소유권을 매각하거나 파산했다. 산시 석탄산업의 문제점은 어디에 있을까.

우선 산시의 석탄산업은 구조 자체가 주먹구구식으로 불합리했다. 채탄 기술은 전근대적 수준에 머물러 있었고, 낮은 생산성 때문에 탄광 경영에서의 낭비가 상당한 수준이었다. 석탄자원의 가공처리 방식도 시대에 뒤떨어졌고, 그에 따른 환경오염도 날로 심화되었다.

그중 가장 심각한 것은 탄광 안전시설의 낙후이다. 1980년부터 탄광 개발 '붐'이 일기 시작하면서 우후죽순처럼 소규모 민영탄광이 개발되었고, 안전시설을 제대로 갖추지 않은 상태에서 낙후된 설비로 무리하게 채탄에 나선 탓에 안전사고가 속출했다.

2004년 산시 린펀(臨汾)의 한 탄광에서 대형 참사가 터졌다. 복잡하면서도 열악한 하도급 구조 때문에 사고의 원인조차 규명하지 못하는 어처구니없는 사태가 벌어지자 당시 장바오쉰(張寶順) 산시 성장(省長)은 '석탄산업 합리화방안'을 내놓았다. 산시 석탄산업이 처음으로 수술대 위에 오른 것이다.

장바오쉰의 석탄산업 합리화방안은, 탄광 내 안전시설에 대한 투자와 관리를 강화하라는 지시와 함께, 정부가 석탄자원의 가격을 공시하면 탄광주는 채탄권을 사전에 구매해야 하고, 연간생산량 9만 톤 미만의 영세탄광은 전면적으로 폐쇄한다는 내용을 담고 있다. 이 방안이 발표되고 나서 소규모 민영탄광이 대부분인 산시에서는 전체 탄광의 30%인 3천 1백여 곳의 탄광이 문을 닫았다.

장바오쉰은 석탄산업 발전회의를 주재한 자리에서 '당 중앙 국무원은 산시 발전에 대해 커다란 기대를 걸고 있으며 산시를 중국의 핵심적인 에너지기지로 만들라는 임무를 우리에게 맡겼다'고 운을 뗐다. 산시에 있는 국가계획 하에 건설된 13개의 대형 석탄기지 중, 진베이(晋北)와 진중(晋中), 진둥(晋東)을 중심으로 해 지속적인 산시 경제발전의 시발점으로 삼겠다는 계획을 밝혔다. 이 석탄산업 합리화방안이 산시의 성장에 획기적인 전환점이 될 것이라는 기대를 감추지 않았다.

한편 첫 번째 석탄산업 구조조정에서 가까스로 살아남은 민영 탄광주들은 성 정부로부터 수백만에서 수천만 위안에 달하는 운영자금을 마련해 채탄권을 미리 구매해야 했다. 개혁개방 초기에 부를 축적한 연해지방의 민영 기업가들은 이때를 놓치지 않았다. 산시 탄광주들이 자금난에 처했음을 파악하고 노골적으로 탄광매입에 나선 것이다. 원저우(溫州) 등 저장(浙江) 상인과 외지인들이 대거 산시로 몰려들어 탄광투자대열에 동참하기 시작했다.

2차 구조조정을 불러온 것도 탄광사고였다. 2008년 9월 8일, 린펀시 외곽의 한 탄광에서 대형참사가 발생했다. 무려 277명의 광부들이 살아나오지 못했다. 사고의 책임을 지고 멍쉐농(孟學農) 성장이 전격 경질되고, 국가안전을 총괄하던 왕쥔 국가안전감독 총국장이 수습을 맡았다. 사고 수습에 나선 왕쥔은 '산시는 피 묻은 GDP를 원하지 않는다'며 탄광기업 인수합병 및 구조조정 추진에 관한 의견을 제시했다.

이렇게 산시 석탄산업에 대한 2차 구조조정이 다시 시작된다. 제1차 석탄산업 합리화방안이 연간생산량 9만 톤 이하의 소규모 민영탄광 정리에 그쳤다면, 2차 구조조정은 1차에서 살아남은 중대형 민영탄광을 대상으로 통폐합을 지시했다. 대형 국유탄광을 중심으로 대부분의 민영탄광을 합병시키는 산시 석탄산업 재편의 제2막이었다. 4년 전 1차 구조조정에서 가까스로 살아남은 중대형 민영탄광 대부분이 '살생부'에 올랐다. 규모 90만 톤 이하의 민영탄광 숫자는 산시 전체 탄광의 90%를 차지하고 있었다. 2010년까지 탄광기업 1천여 개를 정리하겠다는 것이 이번 조치의 골자였다.

이 석탄산업 합리화방안은 사실 중국 정부가 2006년 3월 발표한 제11차 국가경제 및 사회발전 5개년 계획(11.5 계획)의 일환이라고 봐도 무방하다. 중국 정부의 11.5 계획은 새로운 사회주의 농촌사회의 발전, 경제구조 조정 촉진, 성장패턴의 변화, 지역 간 균형발전 촉진, 자체적인 혁신강화와 신제품 개발능력 제고, 개혁 강화와 개방 진전, 균형 있는 사회발전 등이 주요 목표였다.

이 계획에는 석탄산업 구조조정에 관련해서 실수율(實收率)과 채굴률 개선, 석탄채굴이 환경영향에 미치는 영향 감소를 위한 규제 강화, 대규모 석탄광산 개발, 석탄산업의 합병과 조직 개편, 연간석탄생산 1억 톤 이상의 대형 석탄기업 설립, 석탄기업의 타 업종 참여와 석탄 및 전기, 수송부문 간의 협력강화 지원, 중소규모 탄광의 구조조정 및 생산 안전기준을 충족하지 못하거나 환경을 악화시키는 탄광 폐쇄 등의 조항이 구체적으로 포함돼 있었다.

2차 석탄산업 구조조정에 따라 산시의 탄광기업 숫자는 2,598개에서 1,053개로 60%가 줄었다. 탄광의 수는 감소했지만 산시의 석탄생산능력은 4억 6,400만 톤에서 6억 8,300만 톤으로 늘어났다. 그중에서도 7대 중점 석탄대기업인 다퉁메이쾅그룹(大同煤礦集團有限責任公司)의 생산량은 2억 6,700만 톤이었다. 중점 대기업의 생산량이 전체의 40%로 확대될 정도로 비중이 높아진 것이다.

산시 석탄공업청에 따르면 2009년 11월 말 현재 1,053개로 줄어든 탄광기업 중 776개가 채탄권을 발급받은 것으로 나타났다. 합병계약을 맺은 탄광기업의 계약 체결률도 98%에 이르렀다. 또한 인수주체의 실질 관리율이 94%에 달할 정도로 산시 2차 석탄산업 구조조정 작업은 일단 성공적이었다.

중국 정부는 중소형탄광의 합병과 폐쇄조치와 더불어 농촌과 산간지역 및 석탄소비가 비교적 적은 지역에 대해서는 그 지역에 있던 소형탄광이 생산하는 석탄을 계속 생산해 수요를 해결하도록 하는 조치를 병행했다. 영세 소형탄광이라고 해서 무조건적인 구조조정을 강요하지는 않았던 것이다. 즉, 2차 구조조정에서는 소형탄광이라도 생존할 수 있는 길을 열어두었다. 불법적으로 석탄을 채탄하거나 자원낭비가 심한 것으로 평가된 비합리적인 탄광기업과 안전시설을 제대로 갖추지 않은 소규모 탄광, 석탄자원 고갈로 파산위기에 처한 탄광 등으로 통폐합 대상을 제한한 것이다.

1차에 이은 2차 석탄산업 합리화방안도 자율이 아니라 강제적이었다. 따라서 후유증과 반발이 뒤따르는 것은 당연했다. 무엇보다 통폐합대상이 된 중소형탄광의 인수가격을 시장가격보다 훨씬 낮게 책정한 데 따른 탄광주들의 불만이 폭발직전이었다.

산시 타이위엔(太原)에서 석탄 수출회사를 운영하고 있는 리윈룽(李 云龙) 사장은 '개인이 운영하던 민영탄광의 경우 연간생산량 기준이 9만 톤에서 90만 톤으로 10배 이상 상향 조정되면서 대부분 대형탄광에 통폐합될 수밖에 없었다'면서, '산시 석탄산업의 대대적인 재편은 절반의 성공이라고 평가할 수 있다'고 말했다.

산시 석탄산업의 구조조정은 여전히 현재진행형이다. 중소형 민영탄광을 대형 국유탄광기업과 통폐합해서 합병시키는 작업은 어느 정도 마무리됐지만, 인수가격에 대한 불만 때문에 인수 협상이 완전히 마무리되지 않은 곳이 많다. 그리고 합병 후에도 대형생산 장비의 도입을 통해 석탄채탄이 정상화되기까지는 아직도 많은 시간이 필요하다.

· 구조조정의 후유증

2008년 대대적으로 추진된 산시정부의 석탄산업 구조조정은 국유기업을 합병의 주체로 내세워 민영기업을 퇴출시키는 '국진민퇴'(國進民 退)의 양상이었다. 3년여의 시간이 흐른 2011년, 구조조정에 따른 갖가지 후유증들이 두드러지면서 '국진민퇴'라는 원래의 구도가 크게 달라졌다는 평가를 받는다. 심지어는 '국진민퇴'는 구호에 그쳤다는 신랄한 비난까지 제기되고 있다. 수배령이 내려진 석탄대왕 장신밍 회장의

산시의 7대 중점 석탄 대기업

석탄 대기업	주요지역	생산량(톤)
다퉁메이쾅그룹 (大同煤礦集團有限責任公司)	다퉁(大同), 쒀저우(朔州)	2,685만
산시 자오메이그룹 (山西焦煤集團有限責任公司)	윈청(運城), 뤼량(呂梁)	4,056만
뤼안광업그룹 (潞安鑛業集團有限責任公司)	창즈(長治)	1,710만
산시 양취엔석탄그룹 (山西陽泉煤業集團有限責任公司)	쒀저우, 타이위엔(太原)	1,550만
산시 진청무연탄그룹 (山西晋城無煙煤鑛業集團有限責任公司)	진청(晉城)	2,685만
산시 석탄운송판매그룹 (山西煤炭運銷集團有限公司)		1억965만
산시 석탄수출입그룹 (山西煤炭進出口集團有限公司)		3,380만

몰락과 도주는 이 같은 부실화된 구조조정의 단면을 드러내는 충격적인 사건으로 중국사회에 적잖은 파장을 일으켰다.

소형 민영탄광을 대형 국영기업에 통합시키는 과정에서 탄광소유주는 물론 광부들과 탄광촌 주민들의 반발을 무마하거나 위에서 아래에까지 골고루 이익을 나누는 일이 쉽지 않았던 것이다. 생존권을 박탈당한다고 생각하는 광부들과 합병으로 손해를 본다고 여기는 계층은 노골적으로 통폐합을 통한 구조조정에 반대하고 나섰다.

그럼에도 불구하고 2008년의 산시 석탄산업 구조조정은 전 중국에서 석탄산업 합리화방안의 성공적인 해법으로 여겨져 다른 성에서 벤치마킹하고 있다. 중소형탄광을 매입해 메이라오반으로 급성장한 탄광주들은 당황스러운 구조조정 정책에 반대하고 나섰지만 받아들이는 것 외에는 방법이 없었다.

그로부터 1년 후, 산시 석탄산업 합리화방안에 대한 국민적인 관심이 사라질 즈음, 산시 석탄산업은 대단원의 결말을 예측할 수 없을 정도의 후유증을 양산해내고 있다.

우선 2차 구조조정의 결과는 용두사미가 되었다는 지적을 받고 있다. 당초에는 합병의 주체가 될 국영기업을 5개로 하려고 했으나 이해관계가 부딪치면서 2개가 더 늘어난 5+2가 되었으나 1개 기업(중메이그룹)이 추가되면서 '5+2+1'이 된 것이다.

생산실적이 좋은 탄광을 확보하는 등 살아남는 데 성공한 중메이그룹의 배후에는 산시 정부의 고위관리가 있다는 소문이 돌았다. 성 정부의 한 고위관리는 "내가 모든 것을 관리할 수는 없지 않느냐. (메이라오반인) 당신이 나보다 더 잘 관리할 수 있을 것"이라면서 '괜찮은' 탄광을 넘겨주기도 했다는 것이다. 결국 석탄산업 구조조정이라는 '파티'에서 이익을 얻는 사람은 이런 부패한 고위관리들과 이들과 결탁한 메이라오반이었을 것이다.

산시 쒀저우(朔州) 시의 진하이양안(金海洋岸)이라는 회사는 30억 위안 정도의 자산평가를 받은 탄광을 중메이그룹에 70억 위안에 팔았다. 두 배 이상 높은 가격에 매입했다는 사실이 지적되면서 구설수에 오르자, 중메이그룹은 10억 위안을 낮춘 60억 위안을 지급하는 선에서 사태를 수습했다. 이 과정에서 그룹의 고위간부들이 차액을 나눠가졌고 이것이 소문나면서 중앙당기위원회가 조사에 착수, 2010년 1월 장바오산(張寶山) 중메이그룹 부총재가 책임을 지고 물러나는 사태가 벌어졌다.

연간생산량 90만 톤이라는 기준에 미달돼 합병대상 리스트에 오른 탄광의 메이라오반 중에는 생산량을 늘리거나 생산실적을 조작하는 수법으로 살아남은 경우도 적지 않았다. 이는 합병주체인 국유기업들이 탄광주들의 로비를 받은 경우도 있고, 중소형 민영탄광을 인수 합병하는 과정에서 대차대조표를 확인한 결과 예상수익이 생각보다 많지 않을 것이라는 점도 작용했다. 소형탄광들을 합병해봤자 별다른 이익이 없는데다 합병절차와 사후부담만 더 커진다는 점 때문이다.

결국 비슷한 문제가 여러 곳에서 터져 나오자 1,053개 탄광의 합병이 보류됐고, 국유기업에 합병된 탄광 중에서도 시설개선 작업을 거쳐 본격적인 채탄에 나선 경우는 극히 드물었다. 합병대상인 소형탄광의 존재는 국유기업에게 한마디로 '계륵'이었다. 국유기업으로서는 거액의 인수자금뿐만 아니라 엄청난 시설개선자금까지 쏟아 부어야 했다. 이들 영세탄광은 탄광사고의 가능성도 높다는 점도 여간 부담스러운 것이 아니었다. 무엇보다 합병주체인 국유기업 사장들은 자기 호주머니에 들어오는 '부스러기'조차 변변치 않다는 점에서 이들 소형탄광들을 사냥하고 싶은 욕구나 동력을 가질 수가 없었다.

자산가치보다 낮은 가격에 '울며 겨자 먹기' 식으로 탄광을 넘겨야 하는 메이라오반 역시 합병이 달갑지 않기는 마찬가지다. 그래서 양측의 인수협상은 교착되기 일쑤였고 석탄산업 구조조정 과정은 속도를 내지 못하면서 석탄생산도 차질을 빚었다.

그러자 지역에 따라서 국유기업이 합병대상인 메이라오반에게 생산시설을 미리 철거할 수 있도록 합병까지 3개월을 유예하기도 했다. 이 3개월 동안 탄광주들이 석탄 생산을 계속할 수 있도록 해서 합병을 통해 손실이 예상되는 금액을 확보하도록 배려한 것이다. 정부와 국유기업이 모른 체하면서 눈감아 주기만 하면 되는 일이었다. 이 과정도 순탄치는 않았다. 짧은 시간에 손실을 만회하기 위해 무리한 채탄작업을 시키는 바람에 탄광사고가 빈번하게 일어난 것이다.

합병의 후유증은 다른 쪽에서도 나타났다. 오지의 자급자족형 탄광 마을에서 소형탄광의 폐쇄는 생존권의 문제로 발전했다. 산시 뤼량(呂梁)시 당기위원회가 내놓은 보고서는 석탄산업 구조조정이 자칫 탄광을 기반으로 생활하고 있는 산촌마을의 사회모순을 격화시킬 우려가 있다고 지적했다. 한 시골마을에 있는 탄광은 매년 이곳의 촌위원회(村委)에 15만 위안, 학교에 10만 위안, 주민들에게 1인당 1천 위안을 제공해주고 1가구당 1톤의 석탄을 무상으로 배급해왔다. 그러나 이 탄광을 국유기업에 합병하게 되자 수익성이 없는 이 활동은 중지되었고, 그 결과 이곳 주민들의 생활은 극도로 악화됐다.

2008년 겨울, 산시 각급 정부는 이 같은 탄광촌 주민들의 월동(越冬) 석탄 해결에 나섰다. 폐쇄예정인 탄광에서도 주민들에게 월동용 석탄을 제공하기 위해서라면 2개월 동안 석탄을 생산할 수 있도록 허가한 것이다. 그러나 2009년이 되자 상황은 더 나빠졌다. 석탄을 더 이상 생산할 수 없게 된 주민들이 월동용 땔감을 구하려고 벌목에 나선 것이다. 마을 주변에서 땔감으로 쓸 만한 나무란 나무는 모조리 주민들의 손에 의해 베였다. 또 다른 환경재앙이 닥친 것이다.

합병은 일부 소형탄광의 소유권 문제를 논란거리로 만들기도 했다. 개혁개방 초기까지만 해도 모든 탄광의 소유권은 국가에 있었다. 모든 탄광은 집체(集體)기업이었다. 시간이 흐르면서 어떤 마을에서는 기업집단과 부를 축적한 개인이 공동투자에 나서기도 했고 자영업자가 투자를 해서 개발하면서 향촌의 이름을 빌리기도 했다. 어떤 탄광은 은행대출을 통해 생산설비 투자를 통해 생산량을 늘렸다.

성 정부가 탄광의 소유권에 대한 대대적인 개혁에 나선 것은 2004년이었다. 이는 그때까지 탄광의 소유권이 분명하지 않아 탄광사고가 발생하더라도 보상과 책임소재를 분명하게 가려내지 못한 사례가 적지 않았다는 문제 때문이었다. 소유권과 관리책임을 명확히 하려는 것이었지만 오히려 이 같은 조치는 역설적으로 탄광투자에 대한 외지인들의 관심을 집중시켰고 에너지자원은 국가소유라는 소유권 개념을 뒤흔드는 계기가 됐다. 그때까지 대부분의 탄광은 촌락이나 집단이 소유하

산시 석탄산업은 구조조정 중이다.

석탄대성 산시가 누린 과거의 영광을 찾기까지는 많은 시간이 소요될 것이다.

고 있었기 때문에 소유권 개혁조치는 소유권에 대한 집단의 동의를 유발하는 결과를 초래했다. 이때부터 1년여의 시간이 흐르자 대부분의 중소형탄광의 소유권은 개인이 차지했다. 탄광 소유권을 둘러싼 모순이 깊어진 것이다. 애초부터 향(鄉)과 진(鎭) 등 탄광소재지역의 공동소유형태였던 탄광의 소유권을 정리하는 과정에 무리가 따랐기 때문이다. 성 정부 등 각급 정부가 시한을 정해서 소유권과 인수협상을 끝낼 것을 요구함에 따라 전체 주민들의 동의를 제때 받지 못한 일부 향진에서 촌장 등 지도자의 지시에 따라 촌의 공인을 압류하고 강제로 서명하는 행태도 벌어진 것이다.

오랜 탄광운영에 따른 환경파괴와 보상도 문제로 떠올랐다. 석탄생산을 개시한 탄광에서 지질변화가 나타나는 것은 5년 이후다. 그러나 구조조정의 결과 폐쇄조치된 탄광이나 시한부 폐쇄의 운명에 처한 탄광들이 그동안 저질러 놓은 각종 환경파괴 행위를 제대로 보상해주는 일은 기대할 수 없었다.

다퉁에서 광부로 일하던 종광웨이(鐘光尾) 씨는 자신이 일하던 탄광의 메이라오반이 도망가자 절망에 빠졌다. 탄광에서 20년 이상 일한 그는 최근 건강검진을 통해 진폐증(塵肺症) 3기라는 진단을 받았다. 법원으로부터 치료와 보상 판결을 받아냈지만 휴지조각이 돼버렸다. 인수합병이 마무리되자 탄광주는 돈을 챙겨 사라졌다.

이보다 더 큰 문제는 중소형탄광에서 일하던 광부와 탄광촌 주민들의 생계가 막막해졌다는 점이다. 린펀의 한 탄광촌 주민들은 탄광에서 쫓겨나게 되자 폭력시위에 나섰다.

"탄광이 우리 마을의 땅을 대거 점유하고 채탄작업을 하게 되면서 우리들의 집은 석탄가루로 시꺼멓게 오염됐다. 마을의 오염상태는 아주 심각해서 머리끝부터 발끝까지 온몸이 시꺼멓게 변했다. 농사지을 수 있는 땅도 모두 오염됐다. 그래서 밥도 못 먹을 신세가 됐다."

이들은 아직도 탄광촌이 폐쇄된 이후 그들의 생존권 자체가 위협받는다는 사실을 제대로 모른다. 탄광촌 오염보다 더 심각한 것은 탄광이 폐쇄되거나 합병된 후 자동화된 생산설비를 도입하면 그들도 모두 탄광에서 쫓겨난다는 사실을…. 소형탄광의 메이라오반들이 돈을 챙겨 떠나면서 탄광촌 주민들은 일터를 잃었다. 생계가 막막해져버린 것이다.

린펀의 한 마을에서는 4곳의 탄광을 개발하는 바람에 지하수가 고갈됐다. 지하수 고갈로 농지가 제 기능을 못하게 됐고 식수마저 모자라자 주민들은 탄광이 제공하는 생활용수에 의지해서 살았다. 그러나 구조조정으로 영세한 규모였던 4곳의 탄광이 모두 폐쇄됐다. 주민들은 폐쇄절차를 진행하고 있던 탄광으로 몰려가서 파괴된 농지와 지하수 문제를 해결해 줄 것을 요구했다. 지방정부가 협상에 나서서, 합병주체인 홍위엔그룹이 주민들에게 매년 촌위원회에 30만 위안을 제공하고 5백 명의 주민들에게 1인당 1톤씩의 석탄을 보상해주기로 하는 데 합의했다. 하지만 지하수나 생활용수에 대해서는 누구도 책임지지 않았다.

6 산시 성장의 눈물

산시의 석탄산업 구조조정 프로젝트는 갖가지 후유증에도 불구하고 일정부분 성과를 내고 있는 것으로 평가된다. 산둥(山東)과 허난(河南) 등이 산시에 이어 곧바로 석탄산업 구조조정에 나선 것만 봐도 그렇다.

그러나 석탄산업 구조조정의 성공에도 불구하고 탄광 안전시설이 완벽하게 갖춰지지 않은 상태에서 채탄작업이 계속되면서 사고는 끊이지 않는다. 워낙 빈번하게 탄광사고가 발생하다 보니 중국에서는 수십 명의 사상자가 발생하더라도 더 이상 뉴스거리가 되지 않는다. 최근까지도 중국에서는 매년 2천 5백 명 이상의 광부들이 탄광사고로 희생되고 있다.

2010년 3월 28일, 자오메이(焦煤) 그룹의 왕자링(王家嶺) 탄광에서 침수사고가 발생, 갱에서 채탄작업을 하던 광부 261명 중 153명이 매몰되는 사고가 발생했다. 사고 발생 며칠 전부터 지하수가 솟아나는 등 침수 징후가 있었지만 탄광측은 생산목표 달성을 위해 안전시설에 대한 강화조치 없이 광부들을 막장으로 몰아넣었고, 참사가 발생했다. 후진타오 주석과 원자바오 총리는 사고소식을 보고받자 국가안전총국과 산시정부에 대해 구조작업에 총력을 다할 것을 지시했다. 국영 CCTV는 탄광사고 현장에 중계반을 보내 구조모습을 생중계했다. 사고 발생 9일 만에 갇혀 있던 153명의 광부 가운데 115명이 극적으로 구조됐지만 38명은 살아 돌아오지 못했다.

2010년 6월 4일, 산시 진청(晉城)의 한 탄광에서도 갱도에 물이 차는 사고가 발생, 11명의 광부가 매몰되는 사고가 발생했다. 두 달이 채 지나지도 않은 7월 31일 오전 3시, 산시 린펀(臨汾)시 이청(翼城)현의 류거우(柳溝) 탄광의 직원 기숙사에서 폭약 폭발사고가 발생했다. 15명의 광부가 숨지고 최소 20여 명이 부상을 입었다. 이 탄광은 산시의 대형 석탄기업의 하나인 양메이(陽媒)그룹 소속이었다.

이보다 앞선 2008년 9월 8일, 산시 린펀시 샹펀(襄汾)현의 타오쓰샹(陶寺鄉) 타산(塔山) 탄광에서 산사태로 인한 탄광사고가 발생했다. 이번 사고는 무려 254명의 광부가 사망하고 34명이 중경상을 입은 대형 참사였다. 이 사고의 책임을 지고 멍쉐농(孟學農) 당시 산시 성장(省長)과 장젠민(張建民) 부성장이 동시에 사표를 냈다. 멍쉐농은 '진관난당'(晉官難當, 옛 진나라인 오늘의 산시를 관리하는 것이 쉽지 않다)이라는 유명한 말을 남기고 성장자리에서 물러났다.

멍쉐농은 2003년 중국을 공포에 몰아넣은 사스(SARS) 파동 당시에도 베이징 시장으로 재직하다 중국의 수도 베이징에서의 사스발병 사실을 은폐했다는 의혹을 받아 자리에서 물러났던 불운한 고위관리로도 유명하다. 베이징에서 쫓겨난 그는 '남수북조 공정건설위원회'의 판공실 부주임으로 좌천돼 와신상담의 나날을 보내다가, 2007년 8월 산시 부서기 겸 산시성장으로 복귀하는 데 성공했다. 그러나 탄광사고는 그를 1년여 만에 다시 낙마시켰다.

멍쉐농이 탄광사고의 책임을 지고 물러나기 전인 2002년에도 탄광사고 등의 대형탄광관련 안전사고가 빈발한 데 따른 책임을 지고 산시(山

西) 와 인접한 산시 (陝西) 의 청안둥 (程安東) 성장이 경질되기도 했다. 중국에서 탄광사고와 같은 안전사고에 대한 책임을 물어 성장을 해임하는 것은 아주 드문 일임에도 불구하고 중국 국무원은 멍쉐농을 해임하면서 '앞으로 이와 같은 사고가 재발할 경우, 법에 따라 더욱 엄중한 책임을 물을 것'이라고 경고했다.

멍쉐농의 후임은 왕쥔 (王君) 국가안전총국 국장이었다. 멍쉐농의 경질로 '대리성장'을 맡게 된 왕쥔은 취임사를 통해 '어떤 상황에서도 인민의 생명과 안전을 최우선시 하겠다'고 강조했다. 그러나 왕 성장도 탄광사고의 악순환에서 벗어나지 못했다. 취임한 지 6개월이 채 지나지 않은 2009년 2월 22일 새벽, 산시 구자오 (古交) 시의 자오메이그룹이 운영하는 툰란 (屯蘭) 탄광에서 가스폭발 사고가 터졌다. 무려 74명이 사망하고 120명이 일산화탄소에 중독돼 병원으로 후송된 대형 탄광참사가 또 발생한 것이다.

자오메이그룹은 산시 대형 석탄회사의 하나다. 특히 툰란탄광은 연간 500만 톤 이상의 석탄을 생산하는 초대형 광산이었다. 사고 당시 436명의 광부가 갱내에서 채탄작업을 하고 있었다. 이날 사고로 인해 툰란탄광의 5년간 탄광재해 무사고 기록이 깨졌다.

사고발생 소식을 보고받은 후진타오 주석과 원자바오 총리는 총력구조를 지시했고 장더장 (張德江) 국무원 부총리를 현장으로 급히 보냈다. 중앙정부가 사고수습에 적극 개입했고, 또 워낙 대형사고인 탓에 왕쥔이 성장직을 사임해야 할지도 모른다는 추측이 나돌았다. 그는 사임하는 대신 눈물을 흘리면서 탄광사고 희생자와 유족들에게 사과했다. 사고 이틀 후인 2월 24일, 국무원 툰란탄광 가스폭발사고 조사반의 제 1차 전체회의를 마치고 기자회견을 가진 그는 사과에 앞서 몇 분 남짓 울음을 멈추지 못했다.

"툰란탄광 사고의 영향이 너무 큽니다. 죄송합니다. 사망한 광부들… 그리고 그 가족들에게 사죄합니다."

그는 사과를 하면서 흐느끼다가 몇 차례나 말을 잇지 못했다. 왕쥔은
북부지역 최대 탄광도시인 다퉁(大同)의 광부 출신이었다. 그런 그에
게 대형탄광사고는 남의 일 같지 않았을 것이다. 왕쥔을 바라보는 산시
사람들의 마음도 특별했다. 국가안전총국장을 거쳐 산시 성장에 부임
하면서 그가 금의환향하자, 산시사람들은 남다른 기대를 걸었다. 열악
한 탄광 사정을 누구보다 잘 아는 그라면 뭔가 바꿔줄 수 있을 것이라고
믿었다.

사고발생 이틀 전인 2월 20일 산시의 성도 타이위엔(太原)에서는 산
시 안전생산작업 회의가 개최됐다. 산시 상임위원장과 상무(商務) 담당
부성장 등 7명의 부(副) 성장이 모두 참석한 회의에서 왕쥔은 탄광 내 안
전사고 예방의 중요성을 여러 차례 강조했다.

"욕하는 소리는 들을지언정, 더 이상 곡소리는 듣지 맙시다!"

그는 이날 회의에서 이 말을 두 번씩 강조했다. 산시에서 다시는 탄
광사고가 일어나서는 안 된다는 강한 주문이었다. 그런데 그의 지시를
비웃기라도 하듯 불과 이틀 만에 대형탄광사고가 터진 것이다. 사고 발
생 11일 전에도 왕 성장이 산시 양회(兩會, 전국인민대표 대회와 정치협상
회의)에 보고한 탄광의 안전을 강화하라는 내용이 〈공산당신문〉에 상
세하게 실려 있다.

이런 왕쥔을 바라보는 언론의 시선도 흥미롭다.

산시 성장 왕쥔은 양회(兩會) 정부 업무보고를 하는 자리에서 수차례에
걸쳐 땀을 닦았다. 하지만 중국 언론들은 이를 보도하지 않았다. 이것은
아마도 이 신임 산시 성장의 운명에 대해 관심과 걱정을 가지고 있기 때문
일 것이다. 그는 보고 시에 눈에 띌 정도로 땀을 많이 흘렸고, 두서없이 말
을 잇는가 하면, 안색도 좋지 않았다. 그의 체력이 허약한 것인지, 아니면

회의장소가 너무 밀폐되고, 너무 뜨거운 언론의 조명을 받은 탓인지에 대해서는 의견이 분분했다. 왕쥔. 이 신임 성장은 최근 몇 년 동안 벌어진 탄광사고 현장을 누비고 다니면서 광부들의 유골을 찾아 잠시도 쉬지 않고 달려왔다. 그가 왜 그 자리에서 그렇게 많은 땀을 흘렸겠는가? 산시 성장은 정말로 어려운 자리인가?

"왜 산시 성장이 업무보고를 하며 몇 차례나 땀을 닦는 것에 주목해야 하는가?"라는 제목의 이 기사에는, 대리성장직에서 벗어나 정식으로 성장에 취임한 왕쥔의 미래를 걱정하는 안쓰러움이 가득 담겨 있다.

산시 성장이라는 자리는 공식적인 '화산의 분화구'이자 '살얼음 위'나 다름없었다. 언제 또 탄광사고가 발생할지 모르는 시한폭탄과 같은 곳인 데다, 탄광사고가 터질 때마다 산시 성장은 여론의 도마 위에 올라 거취를 고민하거나 죽은 광부들의 시신을 찾아 헤매고 다녀야 하기 때문이다.

전 중국이 주시하는 산시의 탄광 안전을 확보해야 하는 중차대한 임무를 띠고 왔지만, 정작 자신의 미래에 대한 '안전판'은 확보하지 못한 신세이다. 이런 어려움을 그 누구보다 잘 알고 있고, 또 자신을 바라보는 고향사람들의 마음 역시 충분히 알고 있는 왕쥔이기에 업무보고자리가 긴장되고 진땀날 수밖에. 아마 그가 성장 자리에 머무르는 동안 그의 몸에서는 진땀과 식은땀이 마를 날이 없을 것이다.

2010년 7월 7일. 원자바오 총리는 탄광사고에 대한 극약처방을 하달했다. 광산의 간부들이 갱내에서 근무하도록 한 것이다. 간부들이 갱내에 들어가서 직접 채탄을 한다면 안전시설을 더욱 강화할 것이고, 탄광사고가 줄어들 것이라는 판단에서 내려진 조치였다. 원 총리는 이날 열린 국무원 상무회의에서 탄광의 안전관리 강화를 위해 탄광의 간부들이 현장에서 교대로 당직을 서고 광부들을 인솔, 갱내에 직접 들어갈

중국에서는 매년 2천 5백 명 이상의 광부가 탄광사고로 희생되고 있다.

장지엔화의 광부퍼포먼스.

ⓒ 장지엔화

것을 지시했다. 원 총리의 '격노'와 강도 높은 후속대책 지시는 잇단 탄광사고 발생에도 불구하고 탄광경영자들이 안전시설 강화에 그다지 신경을 쓰지 않는다는 사실을 보고받은 후 내려졌다.

안전시설이 열악한 소규모 탄광의 폐쇄와 합병 등 산시 석탄산업에 대한 구조조정과 안전강화 조치로 인해 산시의 탄광사고는 점차 줄어들고 있다. 석탄생산량 1백만 톤당 탄광사고로 인한 사망자수는 2012년 0.091로 전년도에 비해 85.8% 줄어든 것으로 조사됐다. 탄광사고가 빈발하던 과거에 비해서는 확실히 산시 탄광의 안전시설과 관리가 좋아졌다고 볼 수 있지만 안심할 단계는 아니다.

2013년 2월 산시석탄청(山西煤炭工業廳)이 공식적으로 발표한 자료에 따르면, 같은 해 1월에만 성 전체에서 탄광사고가 5건 발생, 11명이 사망했다. 이 같은 통계치는 전년 동기에 비하면 3건이 증가해서 150% 급증한 것이다. 사망자 수는 8명 늘어 266.67% 증가했다. 1백만 톤당 사망자도 0.154로, 이 역시 전년 동기에 비해 0.106포인트 증가, 220.83% 급증한 수치다. 여전히 산시탄광의 안전이 개선되었다고 낙관할 수 없는 것이 사실이다.

· 2013년 1월 산시 탄광사고 사망자 수

1.7. 양메이그룹의 스쟈좡탄광, 7명 사망

1.11. 진메이그룹의 산시선저우탄공, 1명 사망

1.18. 산시 링스훙싱광진바오메이탄광, 1명 사망

1.19. 산시 링스훙싱광진바오메이탄광, 1명 사망

1.25. 산시 쟈오메이그룹의 사취탄광, 1명 사망

7 탄광도시 린펀

잦은 탄광사고로 악명 높은 린펀(臨汾). 곳곳에 탄광사고의 흔적이 남아 있을 법도 한데 사고의 후유증은 어디에서도 찾아볼 수 없었다. 도시는 생각보다 아늑한 느낌이었다. 이곳이 세계 최악의 환경오염도시이자 탄광사고 다발지역이라는 악명의 흔적은 찾아볼 수 없었다.

간선도로는 말끔하게 포장돼 있었고 살수차가 수시로 물을 뿌리며 지나다녔다. 다른 곳에서는 볼 수 없는 색다른 광경이었다. '세계 최악의 환경오염도시'라는 수년째 계속되는 불명예에서 벗어나기 위한 시정부의 부단한 노력이다. 살수차의 탱크로리에는 '아이워린펀'(愛我臨汾, 나의 린펀을 사랑해요)이라고 적혀 있다. 중국 어디서나 볼 수 있는 붉은 글씨로 적힌 구호였지만 '공산당 만세' 같은 선동적 느낌은 아니었다. 그런 살수차를 신기하게 바라보는 사람은 이 도시를 처음 찾은 나밖에 없는 것 같았다.

10여 분마다 지나다니는 살수차가 뿌려댄 물이 탄광에서 날아온 석탄가루를 어느 정도 잡아주고 있었다. 하지만 시내를 좀 걷다보니 먼지가 켜켜이 쌓인 건물의 지붕이며 외벽이 눈에 들어오기 시작했다. 시내에 계속해서 물을 뿌려야만 하는 이유와, 그럼에도 불구하고 숨길 수 없는 탄광도시의 비애가 동시에 이해되는 순간이었다.

시 중심가로 나오자 옛 모습 그대로의 고루(鼓樓)가 눈에 들어왔다. 린펀은 수천 년의 역사를 가진 유서 깊은 도시라는 사실이 새삼 떠올랐다. 도심에서도 고층빌딩은 별로 눈에 띄지 않았다. 10층이 채 되지 않는 빌딩들이 옹기종기 들어선 시내는 나름의 매력을 지니고 있었다.

조금 더 걸으니 널찍한 광장이 나타났다. 린펀 한가운데에 자리 잡은 광장은 수도 베이징의 톈안먼(天安門) 광장의 축소판 같은 모양새였다. 거대한 오성홍기가 휘날리고 '위대한 중국 공산당 만세'(偉大的中國共産黨萬歲)라는 구호가 큼지막하게 내걸려 있었다.

거리는 평화로웠다. 중국 어느 도시에서나 볼 수 있는 풍경이지만 미모의 여경이 교통정리를 하고 있었다. 통행하는 차량은 그리 많지 않았다. 그때 횡단보도 앞에 어린 소년이 다가오자 여경이 직접 그 소년의 손을 잡고 자동차 행렬을 정지시킨 후 횡단보도를 함께 건너는 모습이 보였다. 잠시 동안이나마 린펀에 대한 나쁜 소문을 잊게 한 순간이었다.

산시 남단에 위치한 린펀은 황허(黃河)의 지류인 펀허(汾河)와 접해 있다고 해서 얻은 지명이다. 린펀의 역사는 성군(聖君)으로 추앙받는 요(堯)임금이 도읍한 곳이라는 전설로 시작된다. 이어 기원전 424년 전국(戰國) 시대 한(韓)나라 우즈(武子) 때에는 수도로 번성했다. 한(漢)나라 때에 이르러 린펀은 핑양현(平陽縣)이 됐다. 린펀 시내 곳곳에서 '핑양빈관'(平陽賓館)을 비롯, '핑양'이라는 옛 지명을 사용하고 있는 건물들을 적잖이 발견할 수 있는 것은 그 때문이다. 핑양이라는 지명은 수(隋)나라 때 핑허(平河)로 바뀌었고, 곧이어 린펀현(縣)이 됐다. 청(淸)나라 때 린펀은 다시 핑양부(府)로 되돌아갔다가 문화대혁명이 한창 진행되던 1971년 린펀시(市)가 됐다.

황허의 중류에 위치해 지리적 요충지인 린펀은 오래전부터 물류의

탄광사고로 악명 높은 린펀 시내에는 석탄가루를 씻어내기 위한 살수차가 분주하게 다닌다.
물탱크 위에 아이워린펀(린펀을 사랑해요)이라고 적혀 있다.

중심지였다. 근대에 들어와서 린펀은 주변의 매장량이 풍부한 탄광이 집중 개발되면서 제철공장이 세워지는 등 산시 남부의 최대 탄광도시가 됐다. 하지만 간혹 '린펀시 메이탄 운수공사'(臨汾市煤炭運輸公司)라는 유명 석탄운송회사의 간판이 보이는 것 외에는 시내에서 탄광도시의 면모를 찾기는 어렵다.

린펀에서 가까운 유명 관광지인 후커우(壺口) 폭포로 가기 위해 외곽으로 나가자, 그제야 석탄가루가 휘날리는 전형적인 탄광촌의 면모가 드러났다. 도로 양편으로 가림막을 친 노천탄광과 석탄야적장이 끝 모르고 늘어서 있었다. 시내로 날아드는 먼지의 대부분이 이런 노천탄광과 석탄야적장의 석탄가루였던 것이다.

린펀은 최근까지 중국에서 가장 환경오염이 심한 곳으로 유명하다. 중국 환경보호총국이 2005년 처음으로 발표한 "중국 도시환경 보고서"에서 린펀은 중국 내에서 공기오염지수가 가장 높은 지역으로 지목됐다. 린펀과 더불어 양취엔(陽泉), 다퉁, 창즈 등 산시 내 석탄도시 3곳도 '10대 공기오염도시'로 함께 선정됐다. 2010년 9월 1일 한 미국 매체가 인터넷상에 발표한 세계 9대 환경오염도시 순위에서도 린펀이 1위에 올랐다. 르포형식의 이 기사는 '린펀은 공기오염이 심각해서 막 세탁한 옷을 입더라도 실외활동을 할 경우 금방 새까맣게 오염될 뿐만 아니라, 현지에서 하루 정도 지내면 담배 3갑을 피우는 정도의 유독가스를 흡입하는 것과 같다'고 전했다. 이 기사는 린펀의 환경에 대한 부정적인 이미지를 확산시키는 데 결정적 역할을 했다. 이틀 후인 9월 3일, 산시 환경당국은 해명자료를 내놓고 린펀이 세계 최악의 오염도시라는 보도는 아무런 근거가 없다고 반박하고 나섰지만 소용없었다.

중국정부가 제시한 다른 자료에서도 린펀은 2005년 중국의 113개 도시 중에서 대기환경오염이 가장 심한 도시로 꼽혔지만, 3년 후인 2008년 49위로 순위를 올리면서 환경개선 노력의 성과를 과시했고 2009년에는 꼴찌에서 무려 84계단이나 뛰어 오른 29위에 올랐다. 2급 이상 맑은 날씨가 334일에 이르렀다. 린펀시 환경당국의 적극적인 환경개선노력과 반박에도 불구하고 여전히 세계에서 오염이 가장 심한 도시라는 오명을 벗지 못하고 있다.

환경오염과 더불어 잦은 탄광사고도 린펀의 악명을 높이는 데 한몫하고 있다. 산시에는 '산시 성장(省長)의 목줄을 쥐고 있는 것은 린펀'이라는 말이 있다. 탄광사고가 날 때마다 린펀 시장과 당서기가 교체되었고, 최근 수년간 4~5차례 시장이 바뀌었다. 이런 일이 반복되다 보니 성장의 자리마저 위태롭게 하는 문제적 존재가 되어버린 것이다.

2008년 9월 8일, 린펀시 샹펀(襄汾) 현에 위치한 신타(新塔) 탄광이 굉음 속에 무너졌다. 작업 중이던 광부 전원이 생매장됐고, 탄광 아래의 마을 전체도 석탄더미에 매몰됐다. 사망자는 무려 272명이나 되는 대형참사였다. 산시정부뿐 아니라 중앙정부도 충격에 휩싸였다. 후진타오 주석을 비롯한 중국 지도부가 철저한 조사와 사후 대책을 지시했다. 조사 결과 '시설 노후로 인한 단순 사고'로 밝혀졌다.

사고에 대한 총체적인 관리 책임을 지고 멍쉐농(孟學農) 성장이 물러나는 것으로 사태가 수습되는 듯했다. 그러나 한 노파가 '노예처럼 살다 간 아들을 돌려 달라'며 탄원서를 냈고, 공산당 최고 사정기구인 기율검사위원회가 재조사에 착수했다. 재조사 결과, 신타탄광사고는 고위공직자들의 '부패 스캔들'로 밝혀졌다. 린펀시장과 부시장, 지시엔(吉縣)의 당서기, 국토자원국 연구원 등이 부패 고리에 연루된 혐의로 조사를 받은 끝에 줄줄이 공직을 박탈당하고 사법처리됐다. 민영탄광들의 불법채탄과 광부들에 대한 임금 착취, 인권유린 행위를 눈감아 주는 대가로 받은 '검은돈'은 엄청났다. 돤보(段波) 전 린펀 공안국 부국장은 2,457만 7천 위안(한화 약 40억 원)을 챙겼다. 저우제(周杰) 전 린펀 부시장은 274만 위안, 장진펑(張金鳳) 전 당서기는 357만 위안, 장더잉(張德

英) 전 린펀 시장 보좌는 104만 위안을 뇌물로 받은 것으로 드러났다.

사고가 난 신타탄광 광부의 하루 일당은 고작 25위안(한화 약 4천 원)에 불과했다. 그나마도 상당수 광부들은 제때에 받지 못하거나 아예 한 푼도 받지 못하는 경우가 빈번했고, '노예 노동자'와 같은 신세였다. 신타탄광 참사는 사고가 아니라 인재였다. 더 정확히 말하자면 탄광주의 불법행위를 비호한 '보호우산'(保護傘)의 희생양인 셈이다.

8   중국기자의 탄광취재기

산시에서 탄광을 취재하는 것은 불순한 의도가 있는 것으로 간주된다. 그래서 기자들에게 탄광은 접근할 수 없는 성역과 같은 존재다. 나는 여러 가지 경로로 산시 탄광을 심층 취재하기 위해 노력했지만, 돌아온 대답은 하나같이 협조할 수 없다는 거절의 말이었다. 합법적 취재는 불가능해 보였다. 그저 탄광촌을 둘러보는 것으로 만족해야 했다. 중국인 친구에게 베이징에서 산시 최대 탄광도시인 다퉁(大同)으로 함께 가자고 제안했고, 그는 흔쾌히 승낙했다.

　다퉁은 셴쿵스(懸空寺)와 윈강(云崗) 석굴이 있는 불교 유적의 대명사였다. 공중에 매달린 듯 바람에 흔들리던 셴쿵스의 위태로운 자태와 다퉁 주변의 수많은 불교 유적들. 처음 이곳을 방문했을 때, 나 역시 여느 일반 관광객처럼 그 문화 유적들을 보면서 감탄을 금치 못했다. 그런데 여유로워만 보이던 그 마을이, 양꼬치를 먹으며 낯선 풍경들에 익숙해지기도 했던 그 작은 마을들이, 이동하는 차 안에서 바라본 나무 없는 퍽퍽한 산들이 그 지면 아래로 모두 탄광을 품고 있었다는 사실을 뒤늦게야 알았다. 산시에 그렇게 많은 탄광이 있다는 것을 몰랐다. 아는 만

공중에 매달린 듯 바람에 흔들리던 셴쿵스의 위태로운 자태.

큼 보인다는 말은 어김없이 들어맞는 진리다.

산시를 취재하고 서서히 속살 깊숙한 곳까지 들어가 보면서 다시 다퉁에 가야겠다는 결심을 했다. 그때까지 산시에 가서 본 것들이 모두 껍데기였고 신기루밖에 보지 못한 것처럼 느껴졌다. 베이징에서 다퉁까지는 고속도로로 6시간 정도를 달려야 한다.

"다퉁에 가면 탄광을 볼 수 있을까?"

내 말이 채 끝나기도 전에 친구는 도끼눈으로 쳐다보면서 단호하게 말했다.

"뿌커닝!"(不可能! 불가능해!)

그는 한마디로 일말의 기대조차 남기지 않았다. 그는 나지막하게 얼마 전 산시의 한 탄광사고 현장을 몰래 취재 하던 중국기자가 실종된 사건을 알려주면서 한마디 툭 던졌다.

"타 컨딩 쓰러."(他肯定死了. 그는 분명 죽었을 거야.)

실종된 기자는 틀림없이 살해됐을 것이라는 강한 추측이었다. 친구는 다퉁에 가는 목적이 탄광을 취재하는 것이라면 같이 갈 수 없다고 말했다. 결국 한 중국기자가 잠입 취재해 쓴 르포기사를 읽고 이해하는 것으로 탄광취재에 만족하는 수밖에 없었다.

중국 기자의 탄광취재기는 산시 서부의 국유 대형탄광에서 시작된다. 리리우자오메이그룹(离柳焦煤集團)은 산시에서 최대 규모의 탄광을 가지고 있었다. 연간생산량이 120만 톤에 이르러 광부들은 24시간씩 교대로 작업한다.

"지금 석탄을 사려는 차들이 입구에 줄을 서 있습니다. 오늘 생산된 석탄도 저녁나절이면 다 팔려나갈 예정입니다."

이 탄광의 마장밍(馬長明) 부사장의 설명이다. 탄광 입구에는 석탄하적을 기다리는 화물차들이 즐비하게 서 있었다. 석탄을 야적할 장소가 부족해서 채탄 후 즉시 팔 수 있는 물량만 생산한다고 했다. 이곳에서 채탄된 석탄은 대부분 산둥으로 팔려나갔다. 석탄의 생산단가는 1톤당 약 3백 위안이다. 판매가는 1톤당 450~500위안이므로 톤당 150 ~200위안의 수입이 생긴다.

석탄의 생산단가를 살펴보자. 석탄의 단가는 채탄에 드는 비용과 관리와 재무비용, 각종 세금으로 구성된다. 채탄비용은 세 가지 부문으로 나뉘는데, 첫째는 석탄을 채굴할 때 사용되는 갱목과 작약(炸藥), 전기관 등의 자재비용이다. 두 번째는 광부들의 임금과 보너스, 복지비용이고, 마지막으로 전기 등의 동력과 설비 및 설비수리 등의 감가상각비다.

산시 리리우자오메이그룹의 재무처장은 기업의 재정 부담이 상대적으로 많아져서 운영에 많은 어려움이 있다고 토로한다.

"올해 상반기만 해도 탄광 안전을 위해 투입된 돈이 4천만 위안을 넘어섰습니다. 생산단가가 높아지고, 안전시설 설치 등에도 돈이 많이 들기 때문에 수익이 과거에 비해 그리 높지 않습니다."

리리우자오메이그룹 같은 국유기업의 경영이 악화되고 있다면, 민영탄광은 어떨까? 이곳과 그리 멀지 않은 곳에 위치한 샹안쾅예(祥安鑛業)를 찾아갔다. 이곳의 연간생산량은 9만 톤. 탄광주가 밝힌 바에 따르면 현재 이곳에서 생산되는 석탄은 1톤당 최고 320위안에 팔리고 있다. 그의 말이 사실이라면, 인근의 국유탄광의 석탄이 1톤당 450~500위안에 팔리는 것에 비하면 생산원가에 가까운 단가다.

민영탄광의 수익은 고무줄 같은 광부들의 임금체계에서 나온다. 광부들의 임금이 전년 대비 20% 정도 올라 1톤당 40~50위안씩 주고 있었다. 1톤당 자재비는 20~30위안. 올해 상반기에 납부한 각종 세금과 협회 및 관련기관에 들어간 부대비용이 5백만 위안. 연간생산량 9만 톤을 계산하면 1톤당 40~50위안의 적자를 보는 셈이라고 탄광주는 우는 소리를 했다.

베이징으로 가는 송전선.

산시의 최대 산업기반은 석탄과 이를 활용한 송전산업이다.

1톤당 석탄 생산단가

품 목	비 용 (위안)
관리 및 재무비용	94.87
자원 세금	8
증가세 및 기타 세금	60
안전 비용	15
환경처리 회복 보증금	10
석탄 전산 발전기금	5
석탄 지속 발전기금	20
토지 붕괴 보상비	18.91
기타	68.22
합계	300

　지난 반 년간 석탄가격이 2배 가까이 올랐다. 그렇다면 수익은 얼마나 늘었을까. 국유기업과 민영기업 모두 생산단가가 높아져서 큰돈을 벌지는 못했다고 하소연한다. 과연 그럴까. 산시에서 민영탄광을 운영하던 천(陳) 모 씨는 민영기업의 폭리와 착취는 상상을 초월한다고 고백했다. 최근 산시에서 생산되는 석탄은 1톤당 4백 위안에도 제때 구매하기가 어렵다고 한다. 이 가격은 세금이 포함되지 않은 생산원가다.

　석탄업계 인사가 원가계산을 해봤다. 민영 석탄기업에서 가장 비용이 많이 들어가는 부분은 광부들의 임금 등 인건비다. 보통 1톤당 50~60위안 정도다. 또한 각종 명목의 부대비용도 1톤당 50~60위안, 자재비가 10위안 정도. 총 100위안을 약간 상회한다. 그런데 대부분의 민영기업들이 갱도 안전시설에 투자하는 비용은 극히 미미하다. 따라서 기본 경비 100위안을 제외하고 1톤당 250~260위안이 사실상의 수익이라고 할 수 있다.

이 같은 계산법에 따르면 민영기업은 생산원가의 200% 이상의 수익을 남기고 있는 셈이다. 뿐만 아니라, 대부분의 민영기업들은 채탄허가량 이상의 석탄을 불법적으로 생산하는 것이 관행화되다시피 하고 있다고 한다.

"민영기업의 경우 하루에 1백만 위안(한화 1억 7천만 원) 이상의 수익을 올릴 수 있습니다."

2003년 석탄가격이 급등했다. 그러자 탄광투자바람이 불기 시작했다. 탄광허가권을 따내 벼락부자 행렬에 합류하려는 사람들이 속출했다. 티엔(田) 사장도 그중 한 사람이다. 그는 대리인을 통해 타이위엔에 '진하이(金海)에너지'라는 석탄회사를 설립했다. 회사의 자본금은 3천만 위안이었다.

산시의 탄광허가절차는 간략히 다음과 같다. 탄광이 소재하고 있는 현(縣)이나 시(市), 성(省) 등에 채탄허가를 요청하면 성 정부가 심사 후 채탄허가권을 비준한 후 중국 국토자원부나 이를 대리한 성 정부 국토자원국이 생산량을 확정해서 채탄허가권을 부여한다. 채탄허가권은 공개입찰을 통해서 받아야 했지만 구체적인 취득과정에 대해서는 규정이 없었다.

티엔 사장은 '진하이에너지' 명의로 성 정부로부터 '탐광권'(探鑛權, 채탄허가권)을 받았다. 산시정부로부터 탐광권을 획득한 뒤 탄광이 소재한 시와 현의 승인을 받는 데 성공했다. 이듬해 진하이에너지는 다시 채탄허가를 따냈고, 이 과정에서 국토자원청 광산관리처 총감독을 지낸 리우슈용의 도움을 받았다. 리우슈용은 그 후 산시성 감찰원(한국의 검찰)로부터 부패혐의 조사를 받았다.

2003년 '진하이에너지'와 '진예메이자오화'(金業煤焦化)는 '산시진예'(山西金業)라는 석탄기업을 설립해 진청(晋城)시 양청(陽城)현에서 '진하이 탄광'을 개발, 산시 석탄업계의 주목을 받았다.

'진하이 탄광'은 53만 6,907㎡의 면적에 지하 3층 규모의 채탄층에 매장량이 무려 4억 931만 톤으로, 연간 300만 톤의 석탄을 생산할 수 있고 채탄한도도 60년에 달했다. 진하이 탄광의 한 내부인이 말하기를,

"그 누구도 모를 것이다. 단일 탄광의 면적이 총 50여 ㎢를 넘는 이 탄광이 무엇을 의미하는지…. 그것은 몇 대에 걸쳐 막대한 부를 누릴 수 있다는 것이다."

진하이 탄광이 어떻게 채탄허가를 받아냈는지 그 내막이 알려진 것은 한참 후였다.

'양청다닝진하이'(陽城大宁金海)는 2004년 채탄허가를 받았다. 2006년 석탄자원부의 규정에 따르면 이 탄광은 채탄허가에 대해 9억 위안을 납부해야 했다. 그러나 산시 탄광채탄 심의위원회는 2억 2천만 위안만 내도록 채탄허가 납부금을 대폭 깎아줬다. 이 회사는 그것마저도 아직까지 절반을 내지 않은 상태다. 다른 사람들의 눈을 속이기 위해서 티엔 씨는 2005년 '진하이에너지'의 주주를 새롭게 구성했다.

이 회사는 '산시친허 투자회사'(山西沁和投資有限公司)를 통해 '양청다닝진하이서비스'(接持有陽城大宁金海)의 주식 29.9%를 보유하고 있었다. 결국 이 회사는 채탄허가권을 취득했고, 산시 발전계획위원회의 탄광산업 15년 발전계획 안에도 포함됐다.

2003년 타이위엔의 도시건설 계획에 따라 시 남단으로 도로확장 공사가 진행될 것이라는 발표가 있었다. 티엔 씨와 그의 동업자인 타이위엔시 도시계획국 부국장인 왕모 씨는 부동산투기에 함께 나섰다. 그는 한 부동산 회사를 내세워 산시성 무장경찰본부(山西省武警總隊建指揮中心) 명의로 성 정부와 당위원회에 이리화위엔(一麗華苑) 토지 60무(畝)를 불하해줄 것을 요청했다. 성 정부 땅이었지만, 티엔 씨가 손을 쓰자 불하받을 수 있었다. 타이위엔 정부는 이 편법적인 허가를 정상화하기 위해 특별 토론회를 열었다. 이 자리에서 타이위엔 시장은 강력한 영향

진하이에너지의 주식분산 방법

회사명	주식 보유율 (%)
산시친허 투자회사	61
산시양청 석탄운송회사	28
베이징 신예 투자회사	10
왕상둥	1
합계	100

력을 행사했다.

"이 땅은 오직 군사용으로만 쓸 수 있고, 다른 용도로는 쓸 수 없습니다."

티엔 씨가 확보한 땅은 산시성 무장경찰본부가 들어선다는 명분이었고 당연히 군사용이었다. 그는 산시 주요 고위간부들의 도움을 받아 당시 무당 200만 위안에 이르던 땅을 80만 위안에 60무나 매입할 수 있었다. 토지를 확보한 그는 부동산회사와 함께 토지의 용도변경에 나섰다. 일부 토지에 경찰부대 숙소 몇 개 동을 지었지만 나머지 30무는 용도변경을 통해 시세차익을 노린 것이다. 그러자 이 일은 산시에서 논란을 불러일으켰고 투서가 끊이지 않으면서 결국 중앙정부가 개입하게 되었다.

2007년 국토자원부와 감찰원 등으로 구성된 감찰 팀이 베이징으로부터 타이위엔에 도착했다. 이 일에 연루된 산시 고위간부들은 불안에 떨다가 관련자료를 모두 파기할 것을 지시했다. 티엔 씨도 60무의 토지 전부를 무장경찰본부에 무상으로 넘긴다는 조건으로 토지매입에 관련된 자료들을 모두 파기해 줄 것을 부탁했다. 1억 위안에 이르는 토지는 위엔위엔(源遠) 부동산회사 명의로 순식간에 바뀌었다. 그들은 돈을 빼돌렸고 검찰도 손을 쓸 수가 없었다. 산시에서 이런 사례는 빙산의 일각이다.

9 장지엔화의 광부일기

2007년 3월, 민중예술가 장지엔화(張建華)의 탄광일기는 이런 메모로
시작된다.

> 산시 줘윈탄광(左雲礦) 광부 56명 사망
> 산시 진청탄광(晋城礦) 광부 21명 매몰
> 랴오닝 푸쉰(撫順) 라오후타이탄광(老虎臺礦) 광부 7명 실종
> 허난 루저우탄광(汝州礦) 광부 15명 사망

장지엔화가 산시의 어느 탄광에서 광부로 일하는 한 달 동안 중국에
서 일어난 탄광사고의 기록이다.

2008 베이징 올림픽을 1년여 앞두고 중국 전역이 올림픽 열기로 달아
오르던 2007년 봄, 장지엔화는 산시 다퉁(大同)으로 가는 버스에 몸을
실었다. 다퉁은 윈강(雲岡) 석굴과 화옌스(華嚴寺), 셴쿵스(懸空寺) 등
1,500여 년 된 고색창연한 불교 유적들이 도처에 존재하는 세계 문화유
산의 보고다. 그는 다퉁 외곽의 한 탄광촌으로 향했다.

그의 손에는 사촌형이 적어준 어느 작은 탄광의 주소가 적힌 메모지가 들려 있었다. 주소에 적힌 탄광촌에 들어서자 석탄가루가 휘날렸다. 거대한 공사장이었다. 제멋대로 쌓여 있는 석탄들과 파헤친 채 방치된 갱도들. 탄광입구에는 간판도 없었다. 그가 탄광을 찾은 건, 어둑해질 저물녘이었다.

탄광촌의 밤은 다른 곳보다 일찍 시작되는 듯했다. 허난(河南) 농촌 출신이지만 이미 베이징 생활에 익숙해진 장지엔화에게 탄광촌의 저녁은 마치 흑백TV 시대로 되돌아온 것 같은 느낌으로 다가왔다. 탄광촌에서는 흑과 백 외의 다른 색깔은 찾아볼 수 없었다. 작은 키에 어디에서나 볼 수 있는 외모, 허름한 차림새의 그는 별다른 의심 없이 일용직 광부로 일할 수 있었다. 광부들의 숙소는 사람들이 사는 곳이라기보다는 축사 같았다. 갱목으로 얼기설기 받쳐 놓은 가건물에, 입구를 가린 시커먼 천막이 문 노릇을 하고 있었다. 그는 가져간 마대가방을 한구석에 내려놓았다. 20여 명이 함께 쓰는 숙소에는 침대라고 할 수도 없는 나무 바닥이 놓여 있고 복도 중간에는 화덕이 하나 있었다.

베이징에서 산시의 오지마을 탄광까지 버스를 타고 꼬박 하루를 온 탓에 피로가 한꺼번에 밀려왔다. 쓰러지듯 바닥에 누워보지만 이 황량한 탄광촌의 모습에 두려움이 일었다. 그리고는 자신을 향해 물었다.

"너는 무엇을 하려고 이 탄광촌에 왔는가?"

장지엔화는 중국의 대표적인 민중예술가이다. 그는 나의 졸저 《인민복을 벗은 라오바이싱》 중 "지붕 위의 예술가"라는 장에서 소개한 나의 오랜 중국친구다. '진정한 예술은 현실이 반영될 때 가장 빛난다'고 말하는 그는 자신이 표현하고자 하는 삶 속으로 직접 뛰어들어 체험한 것을 작품화하면서 진정한 민중예술가라는 평판을 얻었다.

자신의 고향인 허난의 '좡탕춘'(庄唐村)이라는 작은 농촌마을을 주제로, 농민들과 그들 위에 군림하는 촌장의 모습을 표현해 중국 농촌의 축소판을 그려냈다고 할 수 있는 〈쾅탕춘〉 시리즈, 도시빈민으로 살아가는 〈농민공〉(農民工) 시리즈, 경제성장의 뒷전에 내몰려 몸을 팔아야 하는 도시빈민 여성들의 밑바닥 인생을 그린 〈예라이샹〉(夜來香) 시리즈 등 장지엔화가 최근 발표한 작품들은 해외 미술계와 미술평단의 주목을 받고 있다.

오랜만에 만난 장지엔화는 자신의 허름한 작업실에서 갱도의 광부들을 대상으로 작업을 하고 있었다. 갱도의 먼지를 새까맣게 뒤집어쓴 채 일하는 광부, 초점 없이 허공을 응시하면서 담배 한 개비를 물고 있는 광부, 목숨과 바꾼 돈을 세고 있는 광부, 흰 천으로 덮인 시신이 되어버린 광부…. 그의 손을 통해 형상화된 광부들은 열악한 탄광 정과 착취당하는 광부의 삶을 또렷이 보여주고 있었다.

"요즘은 광부들의 삶을 작품화하고 있어. 하지만 어쩌면 전시를 할 수 없을지도 몰라."

그는 망치로 조형틀을 두드리면서 자신이 처한 상황을 한마디 말로 툭 던졌다. 그는 정부로부터 여러 가지 압박을 받고 있는 듯했다. 아니나 다를까, 그의 〈광부 시리즈〉는 전시회 시작부터 난관에 부딪쳤다. 일부 작품을 경찰이 빼앗아 가는가 하면, 다른 작품들도 전시할 수 없다는 통보를 받았다. 그는 빼앗긴 작품을 다시 만들었고 전시공간에서 전시회를 할 수 없게 되자 베이징 798 거리에 작품들을 펼쳤다. 그가 만든 광부 시신 조형물 수십여 구가 널려 있는 사이에 그는 얼굴에 시꺼먼 석탄을 바른 채 시신처럼 드러누웠다. 광부 퍼포먼스에 사람들이 몰려들면서 화제를 모았고 해외 언론들이 그의 작품에 주목하기 시작했다.

그렇게 노천 전시를 계속하던 어느 날, 당국에서 제안을 해왔다.

"다른 작품들은 전시해도 좋지만, 광부들의 시신 작품은 치워주시오."

장지엔화의 광부 퍼포먼스 중.

연일 터지는 탄광사고로 광부들이 죽어나가던 2006년이었다. 〈광부 시리즈〉는 탄광과 광부들의 생생한 모습을 작품화하기 위해 직접 산시의 여러 소규모 민영탄광 광부생활을 체험한 그의 '산 증언'이었다. 그저 몇 번 가서 얼핏 보고 사진 몇 장 찍는 정도의 현장답사가 아니었다. 그는 광부들의 생생한 삶을 취재하기 위해 갱도에 들어가 채탄을 하는 등 목숨을 걸었다.

장지엔화의 광부일기는 계속된다.

잠결에 숙소 밖이 떠들썩해지는 소리를 듣고 벌떡 일어났다. 갱도에 들어갔던 광부들이 돌아오는 모양이다. 장지엔화는 반가운 표정으로 숙소의 선배들을 맞았다. 그러나 누구도 그에게 눈길을 주지 않았다. 그들은 장지엔화를 보고도 표정변화가 없었다. 정확히 말하자면 그들은 다른 누군가에게 따뜻한 눈길 한번, 간단한 인사 한마디를 건넬 만한 여유도 없었던 것이다.

갓 스물이나 되었을까. 석탄가루 뒤범벅이 된 얼굴을 씻지도 못한 앳된 얼굴의 한 청년이 장지엔화가 앉아 있는 바로 옆으로 걸어와서는 모자를 벽에 걸고 침대에 쓰러지듯 누웠다. 그리고는 곧바로 눈을 감았다. 얼마 지나지 않아 들려오는 그의 코고는 소리가 말해주었다. 이 탄광에서 광부로 지내는 것이 얼마나 고단한 일인지.

다음 날, 장지엔화는 새벽같이 일어나 다른 광부들과 마찬가지로 지하 300m의 막장으로 따라 내려갔다. 광부일이 처음인 그에게 주어진 일은 갱도 안쪽에서 캐낸 석탄을 탄차에 싣는 일이었다.

"탄차 한 대당 12위안이야. 쉬지 않고 열심히 실으면 하루에 1백 위안도 벌 수 있어."

도시빈민이 된 농민공들의 하루 일당이 20~50위안인 것에 비하면 큰돈일 수도 있었다. 그러나 갱도 깊숙이 들어갈수록 그 돈의 의미를

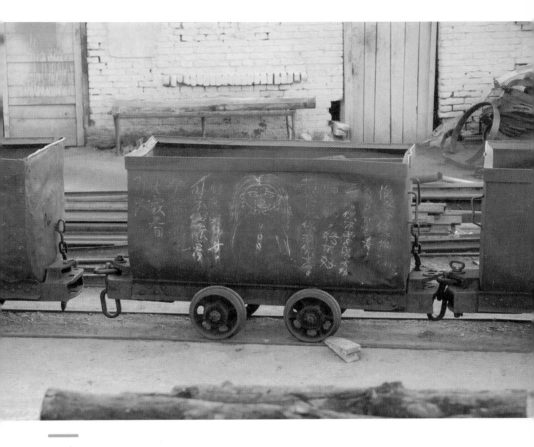

"탄차 한 대당 12위안이야. 쉬지 않고 열심히 실으면 하루에 1백 위안도 벌 수 있어."

가난하고 어린 광부들은 제대로 된 작업화 대신
싸구려 운동화에 목숨을 내맡긴 채
어두운 탄광 속에서 작업한다.
장지엔화가 찍은 어린 광부의 발자국.
ⓒ 장지엔화

알 수 있었다. 그것은 목숨을 저당 잡히고 받는 목숨 값이라는 것을.

　허난의 가난한 농촌에서 자란 그에게는 힘들고 고된 일을 참아내는 것은 그다지 어렵지 않았다. 석탄을 캐내고 싣는 일을 그럭저럭 견딜 수 있었다. 석탄을 운반하는 일이 익숙해지면서 장지엔화는 점점 더 갱도 깊숙이 들어가야 했다. 지하 300m에서 시작해 점차 더 깊이 들어가 나중에는 지하 800m까지 내려갔다. 그 까마득한 곳에서도 안전시설이라고는 모자에 달린 랜턴뿐이었다. 만에 하나 갱도에 스며든 가스가 폭발하거나 갱도가 무너지기라도 하면… 생각만 해도 끔찍한 일이었다. 장지엔화와 함께 작업하는 광부들도 지하로 내려갈수록 예민하게 반응했다. 하지만 아무도 그가 민중예술가라는 사실을 알아차리지는 못했다.

　"왜 하필 이 탄광에 와서 일하게 됐어?"

　장지엔화가 광부로 일한 지 10여 일이 지난 어느 날, 그는 옆자리의 앳된 청년에게 넌지시 물었다. 윈난(雲南)이 고향인 그는 짧게 대답했다.

　"(여기서는) 빨리 돈을 모을 수 있잖아요."

　대도시의 식당 종업원으로 일해도 한 달에 1,000~1,500위안밖에 벌지 못하지만 여기서는 한 달에 3,000~5,000위안도 벌 수 있다. 청년은 고향에 결혼을 약속한 여자친구가 있었다. 학력이나 집안형편이 넉넉하지 못한 그는 목돈을 만들어 결혼하려고 이곳에 온 것이다. 한 2~3년 광부로 고생하면 고향에 가서 작은 식당이라도 열 수 있다는 희망에 이곳을 찾았다고 했다.

　"고생이 곧 돈이잖아요. 고생하는 것은 하나도 두렵지 않아요. 돈을 두려워하는 사람이 없는 것처럼요."

　청년은 한 달에 한 번 탄광촌을 벗어나 시내에 나간다. 모처럼 만의 외출에 술을 마시고 유흥에 빠지는 다른 광부들과 달리 그는 곧바로 숙소로 돌아왔다. 시내에 가서 장거리 전화로 고향에 있는 여자친구와 짧은 통화를 하는 게 고작이었다.

탄광촌의 광부들은 날마다 언제 무너져 내릴지 모르는 탄광 안으로 덤덤히 걸어 들어간다.
가족과 함께할 '미래'를 위해 인내하지만 다가올 '내일'은 그저 불안하기만 한 시간이다.

광부들은 저녁이면 탄광촌 구석에 자리 잡은 술집을 찾았다. 모두들 고향을 떠나 탄광에 들어온 지 1년이 넘었다. 10년 이상 탄광촌을 떠나지 못한 광부들도 수두룩했다. 그들은 날마다 언제 무너져 내릴지 모르는 무시무시한 탄광 안으로 덤덤히 걸어 들어가지만, 아내의 품, 아이들의 웃는 얼굴을 사무치게 그리워하고 있다. 가족과 함께할 '미래'를 위해 인내하지만 다가올 '내일'은 그저 불안하기만 한 시간이다.

그런 광부들에게 시내의 유흥가는 잠깐의 도피를 제공해주고 있는지도 모른다. 장지엔화의 〈예라이샹〉 시리즈는 탄광촌에 있는 안마소를 그대로 본뜬 것이다. 그곳에는 거친 광부들에게 몇 푼의 돈을 받고 몸을 파는 아가씨들이 있었다. 장지엔화는 자신도 다른 광부들과 함께 그곳에 몇 번 가본 적이 있다고 했다. 예라이샹은 탄광촌을 구성하는 일부분이었다. 그곳에서는 40~50대의 늙은 여자들이 손님을 맞았다. 광부생활이 처음인 그가 안마소에 가자 그는 특별한 방으로 안내됐다. 초짜 광부에 대한 예우였다.

붉은 조명이 달린 방 안에는 어린 여자가 침대 위에 앉아 있었고 방 한가운데 물이 담긴 양동이가 놓여 있었다. 그녀는 19살이었다. 둥베이(東北)가 고향이라는 어린 소녀는 불치병에 걸린 아버지의 약값을 벌기 위해 이곳까지 흘러들어왔다. 그녀가 받는 화대(花代)는 15위안(한화 2,500원). 하루 평균 20명의 손님을 받아야 했다. 그녀의 슬픈 이야기를 들으면서 양동이 안을 들여다본 장지엔화는 깜짝 놀랐다. 양동이 가득 차 있는 물은 그녀가 쏟아낸 피로 붉게 물들어 있었다.

"정말로 눈뜨고 볼 수 없는 참혹한 광경이었어."

장지엔화는 붉은 조명 아래 그 모습이 떠오르는 듯 눈을 감았다. 하루하루 몸을 팔아야 하는 그녀에게 미래는 없다. 오늘 하루 목숨을 부지하게 된 거친 광부들의 노리개가 되는 시간을 견뎌내야 할 뿐이었다. 장지엔화의 〈예라이샹〉 시리즈는 그렇게 태어난 것이다.

탄광에서 일한 지 1달을 넘긴 어느 날, 베이징에 급한 일이 생긴 장지엔화는 어렵게 일주일의 휴가를 얻었다. 탄광에는 그처럼 일하겠다고 찾아오는 사람들이 많았다. 농민공보다 일당이 많기 때문에 며칠씩 임시직으로 일하고 돌아가는 광부들도 적지 않았다. 베이징으로 휴가를 떠나는 날 아침, 옆자리의 청년이 부러운 눈으로 그를 쳐다봤다. 장지엔화는 일주일 후에 다시 돌아오겠다고 약속했다.

일주일 후 다시 탄광으로 돌아간 그는 그 자리에 얼어붙었다. 사고가 난 것이다. 탄광 입구에 경찰차 두 대가 서 있었고, 광부들이 탄광을 가리키면서 웅성대고 있었다. 섬뜩했다. 탄광에서 매몰사고가 일어난 것이다. 사고가 난 탄광에서는 매몰된 갱도에서 생존자 발굴작업이 진행되고 있었다.

장지엔화는 얼굴이 익숙한 광부에게서 사고소식을 들었다. 이틀 전에 매몰사고가 발생했다는 것이다. 그와 함께 방을 쓰던 청년이 사고를 당했다는 사실은 숙소에 돌아가서야 알았다. 청년이 쓰던 침대 머리맡에는 랜턴이 달린 청년의 모자가 걸려 있었다. 마치 일을 마치고 숙소로 돌아와 가지런하게 모자를 걸어놓은 것처럼 ⋯.

수색작업은 며칠째 계속됐다. 장지엔화는 슬프지 않았다. 늘 터지던 탄광사고가 자신의 곁에서 일어난 것이 꿈같았을 뿐이다. 광부들에게 사고의 구체적인 소식은 알려지지도 않았다. 들리는 소문에는 탄광사장이 사고소식이 언론에 보도되지 못하도록 손을 썼고 사고를 당한 광부의 가족들에게도 약간의 위로금을 전달했다는 것이다. 그 청년의 여자친구에게도 돈이 건네졌을 것이다. 그리고는 탄광은 언제 사고가 있었느냐는 듯 채탄작업을 준비했다.

장지엔화는 그 청년의 모자를 챙겼다. 가족들에게도 전해지지 않은 그 청년이 세상에 남긴 마지막 유품을 갖고 장지엔화는 탄광을 떠났다.

"그때 만일 베이징에 급한 일이 생기지 않았다면 ⋯."

216

청년이 쓰던 침대 머리맡에는 랜턴이 달린 청년의 모자가 걸려 있었다.
마치 일을 마치고 숙소로 돌아와 가지런하게 모자를 걸어놓은 것처럼 ….

내가 겨우 정신을 수습해 건넨다는 말은 거의 말실수의 모습을 하고 입 밖으로 튀어나가 버렸다. 장지엔화의 이야기를 듣고 나는 너무 놀라 얼이 나가버린 느낌이었다. 당황해 말을 맺지 못하는 나를 바라보며 장지엔화는 이해한다는 듯 고개를 끄덕였다.

그가 지금껏 살아온 삶도 광부의 그것과 별반 다를 바 없었다. 벽촌이나 광산이나 삶과 죽음의 경계는 불분명하다. 그저 살아남아야겠다는 생존 본능이 번득이는 정글. 가난한 농촌과 대도시의 변두리, 혹은 농민공들의 숙소. 삶보다 죽음이 더 가까운 곳이었다. 그들은 늘 싸웠고 싸우다가 몇 명이 죽어도 아무 일 없다는 듯 그대로였다. 살아가는 일이 전쟁이었다. 그런 삶은 때론 죽음을 무감각하게 만든다. 장지엔화는 슬프지 않았다. 나는 그런 그를 어렴풋이 이해할 수 있었다.

청년의 죽음은 세상 사람들에게 알려지지 않았다. 사고소식도 전혀 보도되지 않았다. 그곳은 채탄허가를 받지도 못한 불법탄광이었다. 탄광을 관리하는 공무원은 탄광주가 채굴한 석탄 일부를 뇌물로 받고 눈감아 주었다.

중국정부와 산시정부가 탄광관리에 아예 손을 놓고 있는 것은 아니다. 엄격한 법률을 제정해 놓았다. 2005년 12월 1일부터 시행되고 있는 "산시성 불법탄광에 대한 행정처벌규정" 제 6조의 규정에 따르면 불법 무허가탄광에서 사망사고가 발생할 경우, 사망자에게 1인당 20만 위안의 보상금을 지급해야 하고 사망자 1인당 관할 현 및 안전생산 감독관리부에도 100만 위안의 벌금을 내야 한다. 2007년 1월 1일부터 시행된 국무원 "생산안전사고 보고와 조사처리 사례"에는 다음과 같은 규정이 있다. 사고발생 후 즉각 책임자에게 보고해야 하고 회사 책임자는 보고를 받은 지 1시간 이내에 사고가 발생한 현 및 인민정부 안전생산 감독 관리 부문과 책임 안전생산 감독 관리직책의 관련부문에도 보고해야

중국의 대표적인 민중예술가인 장지엔화는
광부 퍼포먼스를 통해 광산노동자의 열악한 생활을 고발한다.

한다. 이 규정에 따르면, 사고의 주요 책임자가 늑장보고 하거나 보고를 누락할 경우 연간 수입의 40~80%에 해당하는 벌금을 내야 한다. 국가공무원의 경우에는 형사상 책임까지 져야 한다.

하지만 문제는 오가는 '검은돈' 앞에서 이런 법률들은 허울 좋은 위용만 뽐낼 뿐 아무 효과가 없다는 데 있다.

장지엔화는 탄광체험을 통해 광부들의 열악한 상황을 뼛속 깊이 체득하고 〈광부 시리즈〉를 완성시켰다. 광부 시리즈의 종결작품은 탄광사고로 목숨을 잃은 청년의 모자를 거대한 탄광으로 형상화한 대작(大作)이었다. 모자형태로 만들어진 탄광 속으로 들어서면 어둠 속에 광부들의 삶이 펼쳐져 있다. 죽은 광부를 부여잡은 채 넋을 놓고 울부짖고 있는 아내가 있고 천진난만한 표정으로 아버지의 시신을 내려다보는 어린 아이도 있다.

> 흑백의 세계, 흑백의 시간, 흑백의 내일, 흑백의 피땀, 흑백의 생명, 흑백의 심장, 흑백의 만두, 흑백의 죽, 흑백의 아이들.
> 해마다 10,000명의 생명을 빼앗아, 10,000달러를 향해 급성장하는 GDP.
> 그들의 목숨을 담보로 캐낸 석탄으로 중국의 불이 켜진다.

장지엔화의 탄광일기는 여전히 끝을 맺지 못하고 있다.

장지엔화의 광부 시리즈 종결작품은

탄광사고로 목숨을 잃은 청년의 모자를 거대한 탄광으로 형상화한 대작이었다.

이 탄광 속으로 들어서면 어둠 속에 광부들의 삶이 펼쳐져 있을 것만 같다.

다큐멘터리 차이나

고희영(다큐멘터리 영화감독) 지음
크라운판 변형 | 304쪽 | 20,000원

여성 다큐작가의 섬세한 눈으로 클로즈업한
중국 서민들의 인사이드 스토리!
'세계의 공장'에서 'G2 국가'로 도약하기까지
중국인들의 눈물과 웃음을 담다!

우리는 이웃나라 중국에 대해 얼마나 알고 있을까? '문화대혁명', '세계의 공장', 'G2 국가' 등 파편적 이미지로만 파악하고 있지 않은가? 《다큐멘터리 차이나》는 이처럼 중국에 대한 피상적 이해에서 오는 오해와 편견을 깨고 현대 중국과 중국인의 진정한 모습을 발견할 수 있도록 도와준다. 〈그것이 알고 싶다〉와 〈뉴스추적〉 등의 프로그램에서 메인작가로 활동했던 저자는 10년간 중국에서 살며 인구의 99%를 차지하는 평범한 서민들의 삶과 그 삶 속에 흐르는 꿈과 사랑 그리고 아픔을 클로즈업한다. 문화대혁명이나 개혁개방 정책과 같은 중국 근현대사의 고비를 어떻게 넘어왔는지, 현재 불고 있는 자본주의 광풍을 어떻게 이겨내고 있는지, 가족과 일에 어떤 가치를 부여하고 있는지 등, 그동안 기록되지 않았던 서민들의 역사를 추적한다.

《다큐멘터리 차이나》는 놀랍고 신선하다.
우리가 아는 메마르고 딱딱한 공식적인 중국과는 전혀 다른
'중국의 속내'를 보는 건 충격적이기까지 하다. -〈한겨레〉

가족… 결혼… 직업… 꿈… 중국 서민의 내밀한 삶 엿보다.
-〈서울경제〉

작가 특유의 담담한 화법과 중국의 현재와 과거가 담긴 사진들 속에서
중국 서민들의 '희로애락'을 엿보게 된다. -〈머니투데이〉

나는 돈도 없고, 집도 없고, 차도 없고,
보석반지도 없지만, 당신과 함께 늙어갈 마음의
각오가 돼 있어요. 당신이 늙으면 내가 당신을
업어주고 당신의 지팡이가 돼 줄게요.
-'벌거벗은 결혼' 중에서

"우리는 고기를 먹지 못해요. 왜냐하면, 우리는
태어날 때부터 고기를 소화할 수 없는 내장을
가지고 태어났어요." 어디선가 호각소리가
들려왔다. 농민공들은 미처 다 먹지 못한
만토우를 입이 찢어져라 쑤셔 넣으며 흩어졌다.
-'중국음식엔 계급이 있다' 중에서

그는 지금 아들을 고향에 맡기러 가는 중이다.
무엇이 잘못된 것일까. 알 수 없다.
낯선 곳에서의 불편한 잠은 일찍 잠을 거둬
갔다. 기차는 계속 달리고 있었다.
아이는 무슨 생각을 하고 있을까.
-'통치궈의 베이징 상경기' 중에서

나남
nanam www.nanam.net | 031-955-4601